T0279247

El método para vivir sin miedo

RAFAEL SANTANDREU

El método para vivir sin miedo

Cómo miles de personas han superado
la ansiedad, el TOC, la hipocondría
y cualquier miedo irracional

Grijalbo

Papel certificado por el Forest Stewardship Council®

MIXTO
Papel procedente de
fuentes responsables
FSC
www.fsc.org FSC® C117695

Penguin
Random House
Grupo Editorial

Primera edición: abril de 2023
Primera reimpresión: mayo de 2023

© 2023, Rafael Santandreu Lorite
© 2023, Penguin Random House Grupo Editorial, S.A.U.
Travessera de Gràcia, 47-49. 08021 Barcelona
© 1997, Pema Chödrön y con permiso de Shambhala Publications, Inc.
Agradecimientos a Distribuciones Alfaomega, S. L., y a Gaia Ediciones
por el permiso para reproducir las citas de Pema Chödrön
Agradecemos a los pacientes de Rafael Santandreu haber aportado sus testimonios

Penguin Random House Grupo Editorial apoya la protección del *copyright*.
El *copyright* estimula la creatividad, defiende la diversidad en el ámbito de las ideas y el conocimiento,
promueve la libre expresión y favorece una cultura viva. Gracias por comprar una edición autorizada
de este libro y por respetar las leyes del *copyright* al no reproducir, escanear ni distribuir ninguna
parte de esta obra por ningún medio sin permiso. Al hacerlo está respaldando a los autores
y permitiendo que PRHGE continúe publicando libros para todos los lectores.
Diríjase a CEDRO (Centro Español de Derechos Reprográficos, http://www.cedro.org)
si necesita fotocopiar o escanear algún fragmento de esta obra.

Printed in Spain – Impreso en España

ISBN: 978-84-253-6550-8
Depósito legal: B-2.814-2023

Compuesto en Pleca Digital, S.L.U.

Impreso en Black Print CPI Ibérica
Sant Andreu de la Barca (Barcelona)

GR 6 5 5 0 8

A Valle, mi madre.
Por su maravilloso apoyo,
constante e incondicional

Índice

Introducción

Este libro contiene una colección de historias de éxito explicadas por un grupo maravilloso de personas que superaron la ansiedad, el trastorno obsesivo-compulsivo (o TOC) y la hipocondría.

Encontrarás a todo tipo de personas: médicos, empresarios, estudiantes... jóvenes y mayores que tienen en común que han realizado el trabajo de desarrollo personal más potente que existe.

Son personas normales y corrientes, como tú y como yo, que han conseguido algo difícil siendo fieles a un sistema. Ese compromiso los ha propulsado a una nueva forma de ser y de sentir. Por eso, nos dicen frecuentemente: «Si yo pude hacerlo, tú también puedes».

¿Qué les sucedía? Resumiendo, cayeron en la trampa del miedo al miedo. Cogieron miedo a sensaciones corporales —o a pensamientos— y entraron en una pesadilla muy extraña de la que no sabían salir. La ansiedad les hizo entrar en el peor momento de sus vidas y padecer un sufrimiento considerable y una confusión mayor todavía.

Pero, en todos estos casos, el guion dio un giro espectacular porque, con su decidido trabajo, se curaron a sí mismos.

Deshicieron el camino que los había llevado al pozo. Es decir, perdieron el miedo al miedo. ¿Cómo? Con un método de cuatro pasos que se explica con todo detalle en mi libro anterior, *Sin miedo.*

Es algo que hicieron ellos y sólo ellos. Así te lo sabrán explicar por escrito en estas páginas y de viva voz en los vídeos asociados de YouTube. No hay trampa ni cartón en lo que hicieron para recuperarse. Sólo mucho esfuerzo, un método muy claro y perseverancia a raudales. Su mensaje es contundente: todo el mundo puede hacerlo. Será duro, pero la salida está ahí, a nuestro alcance.

Encontrarás estos testimonios íntegros en mi canal de YouTube: «Rafael Santandreu Oficial». Y no sólo estos veinte casos, sino un total de ciento veinte, los que hemos reunido por el momento. Si quieres ponerles cara a estos héroes maravillosos, te invito a acudir a la plataforma y disfrutar de su sabio aprendizaje.

Mi compromiso es añadir un testimonio nuevo cada semana para que sirva de ayuda a quienes estén llevando a cabo este proceso de transformación. La idea es tener la red de apoyo mutuo más grande posible para la superación de estos temas.

¿QUÉ SON EL PÁNICO Y EL TOC?

El trastorno de ataques de pánico es un problema que afecta a mucha gente. A más de un diez por ciento de las personas, y subiendo. Consiste en que, sin venir a cuento —por ejemplo, viendo la televisión en casa tranquilamente—, la persona siente que el corazón se le pone a mil, no puede respirar bien, le duele el pecho de forma aguda o siente un vértigo increíble. Las sensaciones escalan hacia no se sabe dónde y la persona cree que se va a morir allí mismo. Y eso le puede suceder cada día.

Los médicos le dicen que no tiene nada y le recetan tranquilizantes. Pero, por alguna extraña razón, los ataques no desaparecen. Incluso aumentan. La persona asocia los ataques a situaciones o lugares y empieza a evitarlos. Es lo que se conoce como agorafobia. Ya no quiere coger el coche, ir a grandes almacenes o a reuniones de trabajo. Puede llegar un momento en que su vida sea una pesadilla de temor y evitación y que nadie —ni ella misma— entienda qué le sucede.

El TOC es análogo, pero en vez de cogerle miedo a una sensación corporal, se le coge miedo a un pensamiento. Un ejemplo: «¿Seré capaz de matar a alguien?».

La mente tiene, de forma automática, miles de pensamientos azarosos. Son ideas sin sentido parecidas al material de los sueños y, normalmente, no les prestamos atención. Vas en el metro y te pasa por la cabeza la imagen de tirar a las vías a la señora que tienes delante. Te ríes de la animalada que acabas de pensar y sigues con uno de los cientos de miles de pensamientos que tendrás a lo largo del día.

Pero la persona con TOC le coge miedo a uno de esos pensamientos bárbaros, se preocupa y entra en bucle. ¡Durante años! «¡Pero, Dios mío, ¿por qué habré pensado eso!? ¿Y si soy capaz de hacerlo?». Debate y debate consigo misma sin parar: «¡No! Yo soy una buena persona, jamás haría algo así». E intenta mantener ese pensamiento a raya pensando en otras cosas, consultándole al párroco, rezando, etcétera.

Su propio miedo a ese pensamiento es lo que produce ese pensamiento, como veremos en el siguiente apartado.

EL CÍRCULO VICIOSO DEL TEMOR

En mi libro anterior, *Sin miedo,* trato problemas como los ataques de pánico, el TOC y la hipocondría, que se producen debido a lo que llamamos «el círculo vicioso del temor». Es una trampa mental en la que podemos caer todos.

Funciona de la siguiente forma. Un mal día experimentamos —quizá por casualidad, quizá por predisposición— un síntoma extraño en el cuerpo (o un pensamiento). Por ejemplo, una aceleración repentina del corazón. Todo quedaría en nada si no fuese porque nos asustamos. Efectivamente, la persona se preocupa y con su temor desata, sin darse cuenta, una espiral exponencial de nervios que lleva a un aumento del síntoma, es decir, más nervios.

Esta espiral sigue una secuencia clara:

1. La persona se nota el corazón acelerado.
2. Se pone nerviosa.
3. Los nervios aumentan todavía más el ritmo cardiaco.
4. Se pone todavía más nerviosa.
5. El corazón se le acelera todavía más...

Y todo esto puede suceder en décimas de segundo y acabar en un ataque de pánico. En mi libro *Sin miedo* expliqué que muchos profesionales pensamos que el TOC tiene un componente genético. Es decir, que quien lo padece tiene una predisposición para desarrollarlo. Aun siendo así, el TOC es fundamentalmente una trampa mental, porque, al margen de esa predisposición, también se da ese círculo vicioso del temor. Y por eso se puede desactivar con el mismo método de cuatro pasos indicado para los ataques de pánico.

LOS CUATRO PASOS

Recordemos rápidamente los pasos de nuestro método para superar los trastornos de la ansiedad:

1) Afrontar
2) Aceptar
3) Flotar
4) Dejar pasar el tiempo

Si quieres saber más, te animo a leer *Sin miedo,* si no lo has hecho aún.

Afrontar

El primer paso consiste en dejar de huir de la ansiedad. Y no sólo eso, en realidad. Lo que hacemos al «afrontar» es ir a buscarla voluntariamente con el objetivo de perderle el miedo de una vez por todas.

El problema de los ataques de pánico y el TOC radica en

que le hemos cogido miedo a sensaciones corporales o mentales y, ahora, ese miedo nos persigue.

Por eso, el primer paso consiste en programarse una exposición diaria e intensa a esas mismas sensaciones corporales o mentales que nos aterran.

«¿¡En serio!?», puedes estar preguntándote. La respuesta es: «¡Decididamente sí!». De hecho, si no estuviera tan seguro de que así viene la cura, no me atrevería a pedírtelo nunca.

Las exposiciones de los testimonios que vas a leer en este libro fueron del tipo:

- Conducir todos los días a la espera de que nos dé el ataque de ansiedad.
- Alejarse de casa, ir al campo a dar un paseo en soledad y que nos dé el ataque.
- Subir una colina corriendo para que se acelere el corazón y que nos dé el ataque.
- Ensuciarse las manos a propósito y no lavárselas para despertar el malestar del TOC de la limpieza.
- Imaginar que tenemos la peor enfermedad mortal posible para despertar la hipocondría.

Es recomendable que la persona confeccione una lista de sus temores y las situaciones asociadas para diseñar una campaña de afrontamiento decidida. Algo parecido al cuadro que se puede leer a continuación:

SITUACIÓN	NIVEL DE ANSIEDAD (de 0 a 10)
Coger el coche	9
Ir en tren	8
Ir en metro	8
Ir en avión	10
Salir a la montaña	8
Estar solo	7
Estar desocupado	7
Estar solo y desocupado	10
Tristeza tras ver una película triste	7
No dormir	8
...	...

La exposición debe ser intensa, diaria y con plena aceptación. Y, aunque ahora no lo puedas tomar en serio, ten en cuenta que todas las personas que pusieron en práctica este trabajo acabaron comprendiendo que ésa era su medicina. Al cabo de un tiempo, hasta le cogieron el gusto a hacerlo e invariablemente empezaron a sanar.

«Afrontar» es el primer paso y debe llevarse a cabo de la forma correcta. De lo contrario, quizá no dé los resultados deseados.

Los fallos más recurrentes a la hora de «afrontar» suelen ser:

1. No hacerlo diariamente.
2. No hacerlo con suficiente intensidad.

No te quedes a medias a la hora de ejecutar este paso. Sufrirías en vano. Estarías llevando a cabo un esfuerzo enorme para nada. Y no te des descansos hasta que hayas llegado al nueve y medio sobre diez y estés a punto de alcanzar la cima del proceso.

Aceptar

Este segundo paso es, para muchos, el más importante. La clave. Consiste en dejar de luchar y asumir que, durante un tiempo, vamos a estar mal. Debemos permitirnos sentir toda la ansiedad.

Al «aceptar» el asunto por completo, uno da entrada en su vida a todas las sensaciones temidas, por horribles que sean: que el corazón vaya muy deprisa, el ahogo, el mareo, el agolpamiento de pensamientos, el tembleque, la falta de apetito, los nervios...

«Aceptar» es darle la bienvenida a todo ello sabiendo que experimentarlo abiertamente es la única cura. Es más, comprendiendo que necesitaremos muchas horas de vuelo junto a todas estas sensaciones para sanar. Hoy, mañana, pasado... Serán muchas jornadas junto al malestar, haciéndonos amigos de él.

Muchas veces, las personas preguntan: «¿Cómo puedo hacerlo? No me sale el paso de "aceptar"». Y la respuesta es que «aceptar plenamente» es fruto de la práctica. Sigue y al final lo conseguirás.

«Aceptar» es todo lo contrario de lo que hacemos casi siempre: luchar, rechazar, buscar frenéticamente vías de salida, negarnos a vivir la ansiedad... Y lo que tenemos que hacer es lo opuesto: quedarnos ahí, quietos, experimentando con tranquilidad (lo máximo que se pueda) todo aquello que nuestro sistema nervioso quiera darnos.

Sinónimos de «aceptar»

- Rendirse.
- Abandonarse.
- No pensar; sólo estar.
- Estar dispuesto a morir.
- No hacer nada.
- Abrirse completamente al malestar.
- Tirarse a la piscina del malestar.
- Relajarse dentro del malestar.
- Acomodarse dentro del dolor.

Uno de los testimonios que leeremos a continuación, hablando sobre este paso, menciona el concepto de «rendirse». La rendición es una manera de conseguir la aceptación total. Quizá tras muchos días de tensión, nervios, noches sin dormir... llegue el agotamiento. Nos levantamos una madrugada para iniciar otro día complicado, llevamos varias semanas aplicando los cuatro pasos y, de repente, fruto de ese agotamiento físico y mental, nos rendimos. La rendición implica decirse: «¡Me da igual todo! Me da igual estar bien o mal. Incluso curarme o no curarme. Haz lo que quieras, mente. Ya no puedo más».

Ese momento de rendición da paso automáticamente a la liberación. De repente, como de forma mágica, la ansiedad desaparece y nos inunda una paz y una alegría nueva.

A base de experimentar, en diferentes ocasiones, esa aceptación total, la mente se va transformando, va aprendiendo que los síntomas que nos aquejaban no son nada peligrosos. Ni siquiera demasiado molestos.

Flotar

Éste es el paso más misterioso y consiste en estar cómodo dentro del malestar. «Flotar» es algo que sólo llega con el tiempo. Recuerdo que una paciente lo explicaba de la siguiente forma:

> Ya llevaba dos semanas yendo cada día al centro comercial, donde me daba siempre el ataque de pánico. Pero yo, decidida, me ponía a pasear, con mi música en los auriculares. Me entraban oleadas horrorosas de ansiedad y tenía ganas de vomitar. Pero allí estaba, pasando el trago más amargo de mi vida. Un día, no sé cómo, me empecé a fijar en las tiendas. Una en particular vendía unos vestidos muy chulos que me encantaban. De repente, me encontré dentro de la tienda mirándolos bien. ¡Y llegué a probarme algunos! Al final, me compré uno. Cuando salí, fui consciente de que tenía algo de ansiedad, pero, al mismo tiempo, estaba feliz. Y es que había pasado más de una hora en esa tienda y me había olvidado de los nervios y de las sensaciones corporales. Fue increíble porque, a partir de ese día, ya nunca más me dio demasiado miedo ir al centro comercial. Iba y me parecía un paseo bastante agradable. Es difícil explicarlo, pero me di cuenta de que eso era «flotar».

«Flotar» también significa aflojar el cuerpo, no ir tan tenso, aunque la ansiedad arrecie.

Claire Weekes, la doctora que creó el método de los cuatro pasos que explico en mi libro *Sin miedo,* utilizaba una bonita metáfora para comprender en qué consiste «flotar». Decía que «flotar» era como navegar en barco en medio de una gran tormenta. Dicen los marinos experimentados que lo mejor, en esos casos, es dirigirse hacia el centro del huracán. Allí hay un agujero térmico que elimina el mal tiempo, incluso puede brillar el sol. Cuando el barco encuentra el ojo del huracán, está completamente a salvo. Al «flotar», en medio de la ansiedad, dejamos que se produzca ese curioso efecto: nos acomodamos dentro de la incomodidad.

«Flotar» es el penúltimo paso. Cuando lo conseguimos, la cura definitiva ya está a la vuelta de la esquina.

Dejar pasar el tiempo

Este paso es tan crucial como los anteriores y consiste en no tener prisa, en darse un largo plazo de tiempo para la cura.

Muchas veces les digo a los pacientes que se planteen la posibilidad de tardar un año en curarse. Ese tiempo es suficientemente largo como para que se sitúen en un estado mental sosegado, de plena aceptación. Que no se impacienten. Les digo: «Es como si te hubiesen impuesto una condena de cárcel de un año. Todo ese año estará perdido. Lo vas a invertir en este trabajo. ¿Estás dispuesto? Después, alcanzarás la libertad para siempre».

Y es que, si tenemos prisa, dejamos de aceptar por completo. Si nos puede la impaciencia, le seguimos teniendo miedo al malestar.

Los más de cien testimonios que hay por ahora en mi canal de YouTube tardaron un tiempo promedio de ocho meses en recuperarse. Algunos tres meses, pero otros tres o cuatro años. Eso no debe preocuparnos. Dejemos que lo que tenga que ser, sea.

Una forma de acelerar la cura es ser muy intenso y perseverante. Practicar todos los días y no descansar hasta que estemos cien por cien bien. Pero ni siquiera eso asegura que vayamos a tardar poco.

Por lo tanto, paciencia infinita. Habrá subidas y bajadas, recaídas y momentos difíciles. Pero al otro lado, sin duda, nos espera la victoria.

TRANSFORMACIONES PERMANENTES

Entre los testimonios que he escogido para este libro hay dos personas que superaron sus trastornos de ansiedad hace ya más de diez y veinte años, respectivamente. Y aunque casi no se acuerdan de aquello, no con detalles, han querido dar su testimonio para ayudar a otros.

Francisco y Carme nos demuestran que, cuando se reescriben los caminos neuronales de nuestro cerebro, el cambio permanece en el tiempo. Y, como en todos los demás casos, el aprendizaje que realizaron transformó su vida para siempre. Las personas que han superado la ansiedad con los cuatro pasos disfrutan más de la vida y se sienten fuertes, como adolescentes con ganas de comerse el mundo.

¿Y por qué todas estas personas han querido dar la cara y poner a nuestra disposición un testimonio tan privado? ¿Por qué confesar delante de todos —en entrevistas grabadas— que tuvieron un trastorno de ansiedad?

¡Para ayudar a otros!

Esta motivación me parece lo más hermoso del mundo. Si lees este libro y todavía tienes ataques de pánico o TOC, acepta el compromiso también. Dite a ti mismo: «Esto lo hago por mí y por los demás». Y cuando estés al noventa por ciento o rozando el cien por ciento, ponte en contacto conmigo a través de mis redes sociales y sé un nuevo testimonio que, a su vez, ayude a miles de personas.

IR AL MÉDICO

Pero, por supuesto, antes de intentar superar la ansiedad con este método o cualquier otro, acude a tu médico para que descarte cualquier enfermedad fisiológica. Sólo ponte en marcha cuando te dé permiso para llevar a cabo esta terapia.

Los cuatro pasos son fiables y definitivos, pero muy exigentes, requieren estar en plena forma física. Como hacemos al matricularnos en un gimnasio, debemos comprobar junto con el médico que nuestro sistema cardiovascular está a punto. Una vez hecho esto, y con el permiso del facultativo, no mires atrás y confía en el sistema plenamente.

Si tomas medicación, no la dejes por tu cuenta. Ve al médico para que te paute lo más adecuado y sigue siempre sus instrucciones. Explícale el programa que deseas emprender y que te dé luz verde, asistencia y apoyo.

Lee esta selección de historias de éxito e inspírate en ellas. Si te motivan, busca las ediciones en vídeo que hay colgadas en mi canal de YouTube y reprodúcelas, te vendrán bien. Ten la seguridad de que nada te diferencia de estas personas maravillosas que han transformado su cerebro, su vida y, ahora, las vidas de muchos otros.

INSPIRARSE CON TODO TIPO DE CASOS

Los ataques de pánico y el TOC son problemas diferentes, pero comparten tratamiento. Los dos son trastornos de ansiedad o miedo y los dos se curan de la misma forma. Inspírate leyendo casos de ambas molestias. Entenderás mejor que el enemigo siempre es el mismo (las sensaciones desagradables, la ansiedad) y hemos de exponernos a él.

En los ataques de pánico, la persona tiene que activar la ansiedad alejándose de casa, yendo a los lugares donde cree que le va a dar un ataque, poniendo el corazón a latir fuerte, acelerándolo... Y la persona con TOC tiene que ir a buscar los pensamientos que lo atormentan. Por ejemplo, visualizar que está infectado por haber tocado una superficie sucia y pensar que enfermará gravemente. Y que morirá. Pero no hará nada: sólo quedarse con todo ello para acostumbrarse.

Si necesitas más ejemplos de afrontamientos, lee mi libro *Sin miedo* y mírate los más de cien testimonios que hay colgados en mi canal de YouTube. La clave está en activar de la manera más aguda posible la ansiedad que te aterra.

HACERLO DE ALGUNA FORMA

Uno de los enemigos del éxito a la hora de llevar a cabo la terapia de los cuatro pasos es ser demasiado perfeccionista. O dudar demasiado sobre si lo estamos haciendo bien y acabar desanimándonos.

Cuando empezamos a realizar este trabajo, nunca sabemos si lo estamos haciendo bien o mal. Seguimos las indicaciones que nos dan los expertos y confiamos en los consejos de quienes nos preceden en esto, pero, como no vemos resultados inmediatos, nos preguntamos: «¿Lo estaré haciendo bien?».

Cuando te aparezca esa duda, respóndete: «No es necesario que sea una terapia perfecta. Mi mente irá encontrando el camino correcto. Es cuestión de empezar y seguir».

Efectivamente, nuestro cerebro encuentra su propio camino para desensibilizarse. Una de las pistas que indican que estamos en el camino correcto es sufrir a la hora de hacer la exposición. Eso es lo que hay que buscar: despertar la ansiedad de manera voluntaria y elevarla a un nivel mayor al habitual.

Por supuesto, la ansiedad irá reduciéndose a medida que avancemos, ya que dejaremos de ser tan vulnerables a ella. Cada vez necesitaremos exposiciones más salvajes para alcanzar el mismo nivel de ansiedad.

Si nos exponemos, nos generamos el máximo de ansiedad y nos quedamos allí, tranquilos, aceptando y flotando, día a día, ¡lo estaremos haciendo muy bien!

1

Ana, la joven médica que domesticó su mente

Doce años de nervios superados en cuatro meses

> La próxima vez que te encuentres con el miedo, considérate afortunado. Aquí es donde el coraje entra en escena.
>
> PEMA CHÖDRÖN

Ana es una persona capaz y optimista que, simplemente, cayó en la trampa mental de la ansiedad sin darse cuenta, como nos puede pasar a todos. No debemos sentirnos débiles por tener este problema. Yo mismo he ayudado a grandes ejecutivos, policías, bomberos condecorados y políticos de primerísimo nivel.

Ana, médica internista que trabaja en un entorno muy exigente, y profesional muy admirada por sus colegas, lidió durante años con la ansiedad y la superó completamente para ser todavía más fuerte y feliz. Llevó a cabo la terapia sola, utilizó como guía mi libro anterior, lo que aún tiene más mérito. De los más de cien testimonios que he recopilado en vídeo, la mitad han hecho este trabajo solos y la otra mitad se han ayudado de un psicoterapeuta. Ambas opciones son posibles y válidas.

Tras leer *Sin miedo*, Ana se dio cuenta muy rápido de que todo su problema era que tenía pavor a una serie de percepciones internas. La solución pasaba por perderle el miedo a la opresión en el pecho, a la sensación de ahogo y a otras molestias. Para ello iba a necesitar coraje, aceptación y tiempo. No había otra salida.

Su mantra, escrito en una nota y a mano en algún lugar de su cartera, se convirtió en su tranquilizante, en su particular Trankimazin.

Ana es consciente de cómo y cuándo se le desencadenaron los ataques de ansiedad. Fue un día cualquiera; apareció la primera crisis por casualidad, tras experimentar unas sensaciones que la asustaron. Como ella misma explica, «aquel episodio dejó una huella cerebral en mí».

Es importante no buscar la causa subyacente de los ataques de pánico, ya que en realidad no se deben a un trauma infantil o a un complejo psicológico oculto. Es tan simple como que le cogemos miedo a unas sensaciones internas y, a partir de entonces, nuestro propio miedo es el que trae a la conciencia esas percepciones. Somos rehenes de nuestra propia atención, de nuestro propio temor.

En aquel primer episodio de ansiedad, Ana no estaba viviendo un periodo de estrés ni tenía ningún problema especial. Era una estudiante feliz que leía en la cama y que un día cayó en una trampa de la que no sabía salir.

Otra valiosa reflexión de Ana es que se percató de que los tranquilizantes eran una forma de evitación para ella. Con lo cual, tenía que dejarlos si quería curarse de verdad. Más adelante, hablaremos del peliagudo papel de la medicación en el tratamiento de los trastornos de ansiedad.

RAFAEL: *¡Hola! Hoy estamos con Ana, gallega que reside en estos momentos en la preciosa isla de Lanzarote. Es médica internista, una de las especialidades más fascinantes. A continuación, nos va a contar su experiencia. Hola, Ana.*

ANA: Hola, Rafael.

R.: *¿Qué tenías tú?*

A.: Ataques de pánico.

R.: *¿Y cuándo empezaron?*

A.: En segundo de carrera. Debía de tener diecinueve o veinte años. Estaba una noche en la cama, leyendo tranquilamente, y, en un segundo, me entró una sensación de: «¡Me voy a morir! ¡Hasta aquí ha llegado mi vida!». Sentía una gran presión en el pecho y sobre todo una horrible falta de aire. La falta de aire es el síntoma que más me agobiaba.

R.: *Y mucho miedo, adivino.*

A.: ¡Sí! Me fui a la habitación de una amiga y le dije: «¡No respiro, no respiro! ¿Qué me está pasando?». Mi amiga intentó calmarme. Recuerdo que me repetía: «Ana, estás respirando, tranquila...». Vino una ambulancia y me llevaron a Urgencias: electro, Trankimazin bajo la lengua y para casa. En ese momento, nadie me explicó nada. Me dijeron: «Tranquila, es un ataque de pánico». Es lo normal porque en Urgencias están a tope y no tienen ni un segundo para pararse. Pero, a partir de ahí, Rafael, para mí comenzó un proceso de doce largos años. Aquel episodio dejó una huella cerebral en mí.

R.: *Al inicio, tenías sólo una pequeña agorafobia. Te daban miedo ciertas situaciones en las que te podía dar el ataque, pero, en general, estabas bastante libre de ansiedad.*

A.: Exacto. Si me iba a una caminata por el campo, internamente me decía: «Ay, estoy en medio de la nada. Si me pasa aquí, ¡qué miedo!». También tenía esa aprensión en los medios de transporte. Primero, en el avión. Después, se amplió al tren y al autobús. Y, al final, me daba miedo el que hasta entonces era mi sitio seguro: el coche.

R.: *Fue creciendo. Es muy común. Pero, durante la pandemia, con todo el follón que tuvisteis los médicos, el miedo se recrudeció un poco más y ya empezaron a darte los ataques en otro de tus refugios: el hospital.*

A.: Sí, eso fue lo que hizo que me alertara, porque, hasta el momento, lo de los transportes, incluso lo del coche, no me afectaba tanto. Al trabajo iba por la carretera nacional en vez de por la autopista y cosas así. Y los ataques eran poco frecuentes. Pero, cuando me empezaron a dar en el hospital, fui consciente de que el problema estaba cogiendo cancha rápidamente.

R.: *Y una parte tuya se daba cuenta de que el ataque era irracional.*

A.: Claro. Soy médica y sé que detrás de todo esto no hay un infarto, ni un ictus, ni una subida de tensión mortal ni nada parecido, pero en esos momentos, Rafael, la mente te puede.

R.: *Un día, te encontraste, precisamente en un aeropuerto, con un libro mío:* Sin miedo. *Y te dijiste: «¡Ostras, esto va de lo que yo tengo!».*

A.: Sí. ¡Fue como un flechazo! Mi problema es claramente que tengo miedo al miedo, a pasar miedo, a la sensación de miedo. Me percaté de que, durante esos doce años, tomando antidepresivos y ansiolíticos de forma puntual, no había mejorado nada; de hecho, había empeorado. Así que algo dentro de mí me indicó que tenía que seguir ese método.

R.: *Entonces, te pusiste a tope con los cuatro pasos. No muchos meses, pero a tope. Hiciste un trabajo de afrontamiento diario, dale que te pego, ¿no?*

A.: ¡Eso es!

R.: *Cuéntanos algún afrontamiento destacado.*

A.: Coger el coche, en ese momento, era algo que me fastidiaba mucho. Pues me puse a conducir cada día por caminos perdidos, por carreteras secundarias, de noche... Recuerdo que un día tenía una cena al otro lado de la isla. Era un trayecto de unos veinte minutos. En el pasado, me habría hecho acompañar por algún amigo, pero aquel día me dije: «Ana, afronta». Estuve los veinte minutos del viaje con ansiedad, pero luego me sentí superbién durante toda la cena. La vuelta, a la una de la mañana, fue incluso mejor.

R.: *¡Qué bueno! Cuéntame más.*

A.: Siempre que tenía que coger un avión, los días antes me los pasaba agobiada, dándole vueltas: «Y si me pasa allí arriba, ¿qué hago? ¿Y si me encuentro fatal?». Siempre me tomaba un Trankimazin antes del vuelo. Pues, durante mi autoterapia, hice un montón de viajes en avión. Recuerdo especialmente un viaje a Francia, yo sola, con varias escalas. Me pasé todo el trayecto llorando, escuchando mi música, mirando por la ventana, pensando: «Pues si me muero, me muero»; «Si me encuentro mal, me encuentro mal»... Y, Rafael, cuando me di cuenta, ¡me había dormido!

R.: *¡Guau, cómo mola!*

A.: ¡Me dormí! Y no había tomado nada ese día. De hecho, desde que empecé con tu libro, dejé toda la medicación porque entendí que los ansiolíticos, que los tomaba para esos momentos puntuales, eran una evitación. Y ya no me valían. Lo comprendí muy rápido.

R.: *¡Muy bien!*

A.: Yo quería volver a ser la Ana auténtica, la que no tiene miedo. Así que fui con todo. Y empecé a apuntarme a un bombardeo. Hasta entonces había intentado desplazarme lo menos posible, atraer a la gente a mi zona. Pero ya no. Fui de aquí para allá sin pensarlo.

R.: *Cuéntame, estos tres o cuatro meses de afrontamiento, de autocuración, ¿han sido duros?*

A.: Sí, claro, han sido fastidiados. Además, se da una situación que tú comentas en el libro: que tienes que ir a peor para luego mejorar. ¡Eso es impepinable! No hay otra manera. Has de dejar de protegerte. No puedes trampear más. Tienes que decirte: «Esto es lo que hay, tírate a la piscina».

R.: *Y permítete sufrir.*

A.: Sí. Porque te das cuenta de que el trampeo, la autoprotección, te hace sufrir más. Y dices: «¡Pues ya no!». En el proceso de curación hay muchos momentos en que dudas: «Joder, Rafael dirá lo que quiera, pero, buf, yo no lo voy a conseguir».

R.: *Tienes que aprender a dialogar con tu propia mente, dominarla.*

A.: Yo lo que hacía, en esos casos de crisis, era buscar algunas frases que tenía localizadas en el libro. Se trata de no dejar que tu mente dé vueltas. Incluso me hice una chuleta para llevarla siempre en la cartera. Era mi Trankimazin. En esos momentos, me la leía varias veces y me calmaba. Me servía para centrar mi mente en algo.

R.: *Bloqueabas la mente con un mantra, ¡me encanta! ¿Se puede saber qué decía la frase?*

A.: Pues a ver que me acuerde... Me decía a mí misma: «Tranquila, ya está esto otra vez aquí, no pasa nada, acabará, lo has hecho más veces». Creo que era algo así.

R.: *¿Sabes, Ana? El hecho de que empieces a olvidar todo el proceso me encanta. ¡Eso mola mucho, porque indica que ya estás muy bien! Oye, por cierto, ¿cómo estás ahora del cero al diez? ¿Qué nota te pondrías?*

A.: Entre un nueve y un diez.

R.: *¡Genial!*

A.: Ja, ja. Es que ponerme un diez me parece demasiado, como en los exámenes. Pero diría que casi casi estoy en el diez.

R.: *Ahora que me acuerdo, hay algo que vale la pena comentar. Tú te caracterizas por ser una persona muy fuerte y segura de ti misma. Entre otras cosas, trabajas de internista en un hospital, con casos de todo tipo, y eres una crack en lo tuyo. Digo esto para subrayar que en la trampa mental de la ansiedad puede caer todo el mundo: fuertes y no tan fuertes. No nos hemos de sentir débiles por tener que lidiar con un problema como éste. ¿Estás de acuerdo?*

A.: Desde luego. Mis compañeros siempre me han tenido por la más capaz, la que mantiene la calma y el foco en los momentos difíciles. Y es cierto que soy así. Yo tardé unos añitos en hablar con normalidad de mi ansiedad y fue un error. Ahora lo hablo abiertamente. Vale, a mí me han dado ataques de pánico, ¿y qué?

R.: *No hay que sentirse mal por eso.*

A.: Durante años no entendía nada porque yo siempre he sido la positiva del grupo, la optimista, a la que van a buscar todas las amigas para hablar. Por ejemplo, durante los exámenes de selectividad, en los que debía sacar muy buena nota para entrar en Medicina, o durante el MIR estaba tranquilísima. O delante de un paciente crítico. Siempre mantengo la mente fría.

R.: *Claro. Los ataques de ansiedad son una trampa mental y hay que salir de ella y punto, no plantearse por qué me ha sucedido o si soy así o asá.*

A.: De hecho, Rafael, cuando empecé a hablarlo, nadie se lo creía. Me decían: «Ana, pero si tú no eres una persona nerviosa ni ansiosa». Y yo respondía: «Ya, amigo, pero en esto puede caer todo el mundo».

R.: *¿Qué le recomendarías, por último, a una persona que está en medio de este problema ahora mismo y no entiende qué le está pasando?*

A.: Puf. ¡Que se ponga con los cuatro pasos ya! ¡Que mire mi ejemplo! Que yo pasé doce años de mal rollo y en sólo cuatro meses me lo saqué de encima.

R.: *Fantástico.*

A.: No digo que tenga que ser tan rápido...

R.: *Sí, claro, pero tardes lo que vayas a tardar, ponte ya.*

A.: Es que, sin duda, es la única manera. La única.

R.: *La real y la definitiva.*

A.: Sí, sí, sí.

R.: *Pues, Ana, te agradezco un montón tu testimonio. Nada, nos vemos por Lanzarote cuando vaya por allí.*

A.: Eso espero. Te llevaré a ver la isla en mi coche, ja, ja. ¡Muchas gracias por todo!

COMENTARIO FINAL

¿No es estupendo? Cuatro meses de trabajo decidido y ¡bienvenida, nueva vida!

Pero, atención, porque Ana nos explica que, al inicio, hay que estar preparado para sufrir. Tendremos que permitir que la ansiedad aumente. El miedo quedará al descubierto y no podremos protegernos como habíamos hecho hasta el momento. Hay que ser conscientes de ello y aceptar ese incremento del malestar, que, en realidad, no será tanto.

Como me dijo en una ocasión una paciente, se trata de «aprender a sufrir para dejar de sufrir». Pero valdrá la pena cada minuto de este esfuerzo. El premio es la libertad, la armonía, la felicidad.

Otra enseñanza interesante del testimonio de Ana es que conviene ocuparse de la ansiedad cuanto antes, aunque al inicio ésta no plantee una molestia importante. ¿Por qué? Para prevenir que crezca. Los ataques de ansiedad tienen la tendencia a ir a más y cuanto antes los atajemos, más fácil será el proceso.

Vale la pena destacar cuando dice: «Quería volver a ser la Ana auténtica». Las personas tenemos una capacidad enorme para la felicidad y la alegría. Somos como un perro paseando por la playa, el entusiasmo es nuestra característica principal. ¡Nuestra personalidad auténtica es el goce!

Es algo que ya decía Charles Darwin y que yo he comprobado una y otra vez. El biólogo dijo: «El destino normal del ser humano es la felicidad plena. ¿Por qué? Porque todas las especies animales que he estudiado tienden a la felicidad. No sería razonable no hacerlo, evolutivamente hablando». Sin duda, cuando recuperamos nuestra mente, cuando hacemos que funcione como está previsto, resurge una gran alegría, amor y entusiasmo. Nuestro yo auténtico.

2

Sihy, la joven que aprendió que «nada es tan terrible»

«Soy una mejor versión de mí misma»

> Permanecer en esa agitación —permanecer con el corazón roto, con el estómago revuelto, con el sentimiento de estar desvalido y queriendo venganza—, ésa es la senda del verdadero despertar.
>
> PEMA CHÖDRÖN

Sihy, nuestro siguiente testimonio, es una joven exitosa. Trabaja en el mundo de la moda y, pese a lo joven que es, tiene una gran responsabilidad, pero se siente cómoda y disfruta muchísimo.

Los ataques de ansiedad la cogieron desprevenida. Ella, que siempre había sido tan fuerte y alegre... De hecho, durante un tiempo, se negó a aceptar que tuviese un problema, pero el empeoramiento de su estado le confirmó que sí tenía uno, uno emocional, y, además, había desarrollado una dependencia a los tranquilizantes. Necesitaba hacer algo diferente.

La casualidad le ayudó. Una joven de su edad que acababa

de conocer había tenido también un trastorno de ansiedad. Y le aconsejó: «Lee *Sin miedo* y haz lo que se dice en él».

Sihy no creía que un libro pudiese solucionar un problema como el suyo, pero, alentada por esa amiga y la desesperación, se puso manos a la obra.

En la transcripción de nuestro diálogo también explica cómo superó su adicción a los tranquilizantes. Con la ayuda de su terapeuta y la aprobación de su médico, los fue dejando paulatina pero decididamente. Los cambios en la medicación siempre deben hacerse siguiendo las indicaciones de un profesional médico. Es bueno apoyarse en un psicólogo para superar una adicción, pero la supervisión médica es fundamental, porque existen interacciones, efectos rebote, síndromes de retirada y otros fenómenos que sólo una persona cualificada está preparada para tener en cuenta.

En numerosas ocasiones, he dado mi opinión sobre el uso de tranquilizantes y antidepresivos para el tratamiento de los trastornos de ansiedad. Por supuesto que tienen su lugar, pero con frecuencia se hace un uso desproporcionado. Y, con facilidad, se convierten en un arma de doble filo. Es cierto que tranquilizan, pero desde un punto de vista emocional le transmiten a nuestra mente que hay algo por lo que alarmarse. Es decir, al ser una forma de evitación, confirman el temor. Por eso, sucede con frecuencia que la persona toma cada vez más dosis y, sin embargo, tiene más ansiedad.

Sihy hizo un gran trabajo y ahora se encuentra más que bien: se siente más fuerte que nunca. Como ella misma dice, se dio cuenta de que «no hay nada tan terrible».

Rafael: *Hola, Sihy. ¿Qué tal?*

Sihy: Muy bien.

R.: *¿Cuántos años tienes?*

S.: Veintinueve.

R.: *Cuéntanos, ¿qué es lo que te sucedía?*

S.: Yo siempre he sido supernerviosa y me daban ciertos episodios de ansiedad, pero sin ir más allá. En plan, un día me iba el corazón a mil, pero se me pasaba y lo olvidaba. Era estrés. Y que soy muy muy muy autoexigente.

R.: *Pero, vamos, esos ataquitos no te molestaban mucho.*

S.: No, claro. No me asustaban nada porque pensaba que eran un poco de nervios y ya. Lo veía como algo puntual. Hasta febrero de 2021. Me acuerdo muy bien de la fecha porque era un día superespecial por cosas personales. Esa noche no podía dormir, tenía mucho insomnio, pero con el insomnio me entraron unos calores muy raros. Era invierno y hacía mucho frío, pero, en cambio, yo estaba acaloradísima. Así que no entendía nada. Me preguntaba: «¿Qué me pasa?». Pensé que era cosa del insomnio o de los nervios. Pero, por la mañana, me desperté muy pálida y mareada. Por alguna razón, ya me asusté. Pensé: «¿Qué me ocurre? ¿Es que me estoy muriendo?». No desayuné, cogí la bolsa y me fui al metro. Y allí el corazón empezó a latirme superfuerte. Pero tan fuerte que te juro que se veía el movimiento. Incluso con la chaqueta, se apreciaba cómo se movía. Y yo decía: «¡Se me va a parar! ¡Es el fin!». Tuve que bajarme porque era incapaz de seguir. Salí fuera y empecé a respirar hondo. Me quité mucha ropa —con el frío que hacía— y volví a coger el metro, porque tenía que ir a trabajar. Me pasó lo mismo. Y otra vez salí. Pero ¡yo quería ir a trabajar! Me dije: «Vale, Sihy, solamente queda una parada para llegar, una parada más, una parada más...». Y me metí en el metro una vez más. Cuando llegué al trabajo, estaba muy mareada, con un fuerte vértigo, pero aguanté toda la jornada. En aquella época, no sé si recordáis que, con el COVID y demás, los comercios estaban cerrados, así que yo simplemente hacía tareas con el ordenador y con el móvil, pero no estaba de cara al público. Ese día estuve sentada llorando desde que entré hasta que salí. Y mis compañeros me decían: «Pero ¿estás bien?». Les respondía: «No sé qué me pasa, hay algo dentro de mí que ha cambiado». Ellos: «Pero ¿te duele algo?». Y yo: «No. No sé describir la sensación». Estaba pálida, temblaba, tenía el estómago cerrado, no sabía lo que me pasaba, era superextraño, no me había pasado nunca. Entonces me dijeron: «Mira, Sihy, vete a casa», y...

R.: *Perdona que te interrumpa un segundito. Me ha gustado mucho la frase que les dijiste a tus compañeros: «Hay algo dentro de mí que ha cambiado».*

S.: No sé. Noté que dentro de mí era otra persona. Tengo la suerte de que en mi trabajo son todos muy amables y me insistieron: «Sihy, de verdad, no pasa nada, vete a casa. Igual son los nervios por estas fechas».

Pero, cuando llegué a casa, tenía temblores internos. Estaba muy mal, no podía respirar, el corazón me iba muy fuerte. Me preguntaba: «¿¡Qué me está pasando, qué me está pasando!?». Yo soy de las típicas a las que no les gusta ir al médico y me aguantaba, pero la cosa iba a peor. No podía comer. Tenía mareos, náuseas, presión en la cabeza. Al final, me convencí: «El lunes a primera hora estaré estupenda, durante el fin de semana se me pasa».

R.: *Qué aguante tienes, tía. Eres muy fuerte.*

S.: Pensaba que se me iba a pasar porque, Rafael, yo nunca he cogido una baja, jamás. Pero me desperté el lunes que no podía ni andar y ya me dije: «Me voy al hospital». Estuve sentada en el sofá, sin apenas moverme, desde las diez de la mañana hasta las cuatro de la tarde, cuando llegó mi compañera de piso. Ella me acompañó al hospital y el diálogo con la doctora fue algo así:

—Tienes ansiedad. Necesitas coger la baja.

—Pero ¿cómo voy a tener ansiedad? Si no me ha pasado nada. Si estoy estupenda, superbién. Es imposible. ¿Yo? ¿Ansiedad? ¡Imposible!

Me recetó unas pastillas y pensé: «No pienso tomármelas».

—Que no, que no. Me niego: yo mañana me voy a trabajar.

—No, te doy la baja para una semana, que estás fatal. Y ya, si luego te encuentras mejor, vas a trabajar.

«Ésta no sabe lo que dice», pensé. Yo seguía pensando que tenía algo físico —nada de ansiedad— y que la doctora se había equivocado. Pero ¿sabes qué fue lo peor que hice? Comprar esas pastillas.

En casa, por la noche, ya no eran sólo los temblores y las náuseas: se había añadido un pitido en el oído y una sensación de sordera muy extraña, como de estar debajo del agua. Al final, la baja duró tres semanas. Nunca había cogido una baja, porque me independicé muy joven y tuve que trabajar y estudiar al mismo tiempo. Así que encima me culpabilizaba por no ir a trabajar. De todas formas, estar sola en casa era un suplicio, pensaba todo el rato que me iba a morir, por lo que decidí irme a casa de mi hermana para que me cuidara. Pensaba que si estaba con más gente me encontraría mejor, pero no fue así. Estaba igual de mal. Y empecé a tomarme las pastillas, ¡y eso fue lo peor que hice!

R.: *¿La doctora qué te dijo de los tranquilizantes?*

S.: «Puedes tomarte, como mucho, tres al día, pero sólo si los necesitas. Si no, toma uno por la noche, para que descanses, porque sin él no vas a descansar».

R.: *Muy bien.*

S.: Pero empecé a tomarme los tres. Estuve así tres semanas, pero no mejoraba. Hasta que un día pensé: «Es que da igual. Si tengo esto de todas formas, me voy a trabajar». Y, al mes, volví a la tienda, pero les advertí a mis compañeros que no estaba al cien por cien. Tengo mucha suerte, porque todos me apoyaron. Recuerdo estar trabajando y darme un ataque de pánico —porque ya no era sólo ansiedad, me entraban ataques de pánico completos— y yo les decía: «Chicos, bajo a la calle». Ellos lo entendían y me decían: «Poco a poco, Sihy, poco a poco».

R.: *¡Qué majos!*

S.: Tuve una conversación con mi director en que me dijo: «Sihy, yo creo que tienes que ir al psicólogo». Y yo le respondí: «¡Que no, que yo no tengo ningún problema; que esto, igual que ha venido, se va!». No lo aceptaba, pero a medida que pasaban los meses descubría cada semana un síntoma nuevo. Pasé de todo: escalofríos en la cara, arritmias, nudos en la garganta. Ahí pensé: «Ay, que ya no voy a poder tragar». Me ponía siempre en lo peor.

R.: *Estabas muy sensibilizada.*

S.: Sabía que era la ansiedad, pero una parte de mi cabeza decía: «No, no, te estás muriendo, esto es una enfermedad grave». Empecé a volverme hipocondríaca. Estaba todo el día buscando en internet. Si ese día tenía mareos: «¿Por qué una persona puede tener mareos? ¿¡Quizá cáncer!?». Indagaba, indagaba, indagaba. Recuerdo cuando me quise hacer una analítica completa:

—Mándeme unos análisis de todo.

—Que no tienes nada —decía la doctora.

—No, no, que salga todo, por favor.

—Ya te la hicimos, te hemos mirado entera.

Más tarde, me empezó a entrar una gran flojera en las piernas. ¡A mí, que trabajo de pie! Y de vuelta al médico:

—Ya está, ¡tengo algo, tengo algo, seguro!

—Que no tienes nada.

Quería hablar con él cada día para que me confirmara que no me pasaba nada.

Luego, al final, ya me automedicaba. Pastilla aquí, pastilla allá. ¿Qué pasó? Que ya no tenía control. Me tomaba más dosis de lo normal. En verano toqué fondo y me decía: «Voy a estar siempre así. La gente se hartará de mí, porque estoy siempre mal».

R.: *Debió de ser duro.*

S.: Es que anulé mi vida. Yo venía de haberme esforzado mucho. Me fui de casa superjoven: estudié, trabajé e hice todo sola. Me decía: «Con todo lo que he vivido, ¿cómo puede ser que me hunda ahora? ¿Cómo puede ser?

¿Cómo he dejado que pasara esto?». Por ejemplo, no podía estar en casa sola. Escribía a mis compis y les decía: «¿Estáis en casa?». Si no estaban, me iba con mi hermana. Me acuerdo de que una tarde una de ellas me dijo que sí estaba en casa. Cuando llegué, se había ido. ¡Me dio un ataque de pánico! Había ido a comprar y se ausentó sólo media hora. Pero yo lo pasé fatal. Y ahí me di cuenta de que necesitaba ayuda, porque no podía ser que ya no pudiera ni estar sola un rato.

R.: *Al final, era un infierno.*

S.: Tenía la cabeza funcionando a mil por hora. O sea, todo el día pensando, pensando, pensando: «¿Qué me puede pasar? ¿Qué puede ser?». Por ejemplo, miraba un escalón: «¿Y si ahora me caigo? ¿Y si ahora...?». Empecé a alimentar cualquier preocupación.

R.: *Estabas muy sensibilizada.*

S.: Sí. Aquello no terminaba. Era cada día algo nuevo. Otra cosa: la pastilla de las nueve de la noche era sagrada para mí. Eran las nueve de la noche y automáticamente estaba en el sofá tomándome la pastilla. Ya no me hacía nada, pero yo creía que sí, que algo haría. Sin la pastilla, estaba en un diez de mal. Con la pastilla, en un nueve con siete.

R.: *Sin la pastilla, mal. Con la pastilla, también mal.*

S.: En realidad, no cambiaba nada. Te juro que, cada noche, me tomaba la pastilla y cinco tilas seguidas. Es que me acababa una y me tomaba otra. Hasta dormirme. Así cada día. Seguro que en esos seis meses al productor de infusiones de tila le aumentaron los beneficios.

R.: *Ja, ja.*

S.: Y nada, después del verano ya empecé a estar muy triste y apagada, porque mi vida era un asco. Dejé de coger el coche, dejé de estar sola en casa, dejé de salir con mis amigas, dejé de ir al gimnasio (para no escucharme los latidos del corazón)...

R.: *Claro.*

S.: Por no hablar de la mala alimentación, porque estaba tan nerviosa que no podía comer bien.

R.: *¿Y qué hiciste, entonces?*

S.: Llevaba seis meses fatal y, un día, mirando la caja de las pastillas, vi que sólo me quedaban seis. Y no me salía la receta hasta al cabo de cinco días. ¡No me salían los números! Me dije: «¿Cómo voy a vivir hasta entonces con sólo seis pastillas?». Me entró un ataque de pánico. Llamé a la médica y le pedí una nueva. Y ella se negó. ¡Tuvimos una discusión! Y, ¿sabes? Ahí me di cuenta de que tenía un problema. Ahí, por primera vez, pensé: «Necesito ayuda».

R.: *Vaya.*

S.: Le rogué y me las recetó. Las pude comprar. Pero ahí tuvo lugar una casualidad increíble. Ese día era sábado y lo tenía libre. Una amiga me propuso ir a la playa. Me dijo: «Necesitas relajarte. Voy a traer a una amiga». Con mis pastillas siempre en el bolso, nos fuimos a la playa. Allí, la amiga de mi amiga se dio cuenta de que no estaba bien y le tuve que contar todo. Entonces, me soltó: «Ostras, tía. Yo he vivido lo mismo. Estuve así un año». Aluciné. Le pregunté: «¿¡Qué dices!? ¿Y cómo has hecho? ¿Cómo es que estás bien ahora?». Y me respondió: «Me leí el libro *Sin miedo*».

R.: *¡Anda!*

S.: Me la quedé mirando muy sorprendida. «¿Eso es lo que te ha ayudado?». Y me lo aseguró: «Sí. Yo no fui al terapeuta ni nada. Sólo me leí el libro». Es obvio que tenía muchas dudas de que un libro pudiese ayudar, pero, como estaba muy perdida, decidí leerlo. No tenía nada que perder.

R.: *Claro, claro.*

S.: No podía esperar a tenerlo, así que me compré el digital y lo descargué en el móvil en ese mismo momento. Al principio era como: «¡Jo, qué guay! La gente sale de esto». Pero luego: «Dios, ¡qué mal está éste! ¡Hostia, cuánto tiempo ha estado mal este otro!».

R.: *Y, además, leíste que había que hacer algo muy difícil: los cuatro pasos.*

S.: Sí. Al inicio de la lectura, dudaba: «¿Cómo voy a provocarme voluntariamente pasarlo mal? ¡No pienso hacerlo!». Pero esa amiga me decía: «Que sí, acábatelo, acábatelo». Total, que me lo acabé.

R.: *Oye, vamos a enviarle un saludo a tu amiga, ¿no? ¿Cómo se llama?*

S.: Bueno, vamos a llamarla... Margaret.

R.: *Vale, le enviamos un saludo a Margaret, ¡que estuvo muy bien ahí!*

S.: Sí, sí. Insistió: «Tía, acábatelo y haz lo que dice». Cuando me lo acabé de leer, estuve buscando en internet y vi que teníais consulta. «Me apunto y ya está». Y fue así. Me apunté.

R.: *¿Y quién te tocó de terapeuta?*

S.: Eduardo Sánchez Altea.

R.: *Eduardo trabaja en el despacho de al lado. Es un amor de persona y un terapeuta buenísimo. Oye, ¿ahora cómo dirías que estás de cero a diez?*

S.: De nueve a nueve y medio.

R.: *¡Qué guay! ¿Y cuánto tiempo has tardado en alcanzar este nueve y medio?*

S.: Pues a ver, es que es un proceso largo... No es: «Hago esto y ya estoy». Es más bien: «Hago esto y mejoro un poquito. Y un día estaré más abajo y otro más arriba. Vuelvo a subir, bajo de nuevo». Claro, yo al principio me cabreaba, porque decía: «Jopé, estoy aquí dándolo todo y mira, peor que cuando vine». Pero con el tiempo entendí que esas recaídas son necesarias para que todavía te hagas más amiga de los síntomas. Claro, yo hablaba con Edu disgustada: «¿Ves? ¡Con lo bien que iba y esta semana ha sido la peor!». Y él: «Pero, Sihy, ¿verdad que no ha pasado nada?». Y yo: «A ver, tienes razón».

R.: *¿Cuánto tiempo ha durado la terapia con Eduardo?*

S.: Pues casi un año. Ha sido todo un proceso. Por ejemplo, el mes de noviembre estuve bastante bastante bien. Hasta que, de repente, tuve una recaída durante todo el mes de diciembre. Así que, poco a poco, fui mejorando.

R.: *¿Qué fue lo más difícil?*

S.: Dejar las pastillas, sin duda. Las dejé de forma gradual. Primero, las del día. Y, al final, la famosa de las nueve de la noche.

R.: *Pero, corrígeme si me equivoco, al cabo de un tiempo te diste cuenta de que —por lo menos— estabas igual sin las pastillas que con las pastillas. Incluso hasta un poquito mejor.*

S.: ¡Sí! Me sentía un poco mejor, porque, al final, como sabía que la única que necesitaba, que en verdad tampoco, era la de las nueve de la noche, durante el día ya no tenía tantos síntomas.

R.: *¿Qué exposiciones recuerdas como las más fastidiosas de todas?*

S.: Coger el coche era lo peor. Cuando tenía que conducir, lo pasaba fatal con varios días de antelación. También estar sola en casa. Y, la más difícil, dormir sola en casa.

R.: *¿Y recuerdas decirte que tenías que hacerlo cada día y que fuera lo que Dios quisiera?*

S.: Sí. Negocié con Edu: «Vale, pero déjame poner luz». O sea, ya que tengo que dormir sola en una habitación, que sea con la luz encendida. Porque no me refiero a sola en la casa, ¿eh?, sino a sola en la habitación. Así de mal estaba.

R.: *¿Y qué te dijo Edu de la luz?*

S.: «Ponte la luz durante dos semanas. Luego la quitaremos».

R.: *¡Toma ya!*

S.: El primer día lo pasé muy mal, tuve pitidos toda la noche. Y yo me decía: «Ya está, ya está, me muero, me muero». La segunda noche me la pasé toda sin dormir. Pero, un día, me metí en la cama y me quedé inmediatamente dormida y, a partir de entonces, se acabó el problema del sueño y de las pastillas.

R.: *Ese día fue maravilloso, ¿no?*

S.: Sí. Y en mayo tenía un vuelo a México. Era un viaje que había estado posponiendo y, por fin, decidí hacerlo. Antes del viaje, tuve momentos complicados, porque pensaba: «¡Me va a dar un derrame en medio del avión! ¡No me van a poder salvar!». Fue montarme y me puse histérica, temblaba, pero al cabo de cinco minutos, no sé cómo, dije «Ya está» y se me pasó todo. Y hasta hoy.

R.: *¡Qué bueno, es increíble! Oye, Sihy, ¿estás contenta de haber hecho este trabajo?*

S.: Sí, porque al final con los cuatro pasos entendí que tienes que aceptar que esto, a veces, sucede, forma parte de ti y no pasa nada, no es tan terrible. Es tu cabeza, que hace que lo veas así. La solución es aceptarlo al cien por cien. Es hacerte amiga de todo ello. Hice muchas exposiciones: coger el coche, el metro, dormir sola, ir en avión... Y, de repente, sin saberlo ni esperarlo, dejó de venir la ansiedad. Cuando ya de verdad me daba igual, dejó de venir.

R.: *Has vuelto a tu vida maravillosa y alegre.*

S.: Es curioso, porque, cuando empecé la terapia, le decía a Edu: «¡Quiero ser la de antes!». Y ahora pienso: «¡No quiero ser la de antes!». Porque, al final, esa parte de mí ha hecho que llegue hasta aquí. Ahora soy una mejor versión de mí misma. Todas estas cosas pasan por algo. Tienes que quedarte con lo bueno y aprender. Antes era muy negativa. Y ahora sé que, de verdad, nada es tan terrible. Nada.

R.: *Me ha encantado tu testimonio. Has aprendido mucho. Te doy las gracias por contarlo, le servirá a mucha gente. ¿Qué le dirías a alguien que tenga esto ahora mismo y esté metido en el fondo del pozo?*

S.: Pues que lo acepte, que no pasa nada. Y que, si necesita ayuda, la busque, porque yo pensaba: «Si voy al psicólogo, es que no soy lo suficientemente buena». Y al revés, ahora creo que todo lo que ha pasado es por algo y estoy supercontenta. De verdad, que pidan ayuda, que vayan adelante, que exponerse no es tan malo.

R.: *Pues te mando un beso muy grande.*

S.: Perfecto. Muchas gracias.

COMENTARIO FINAL

¡Sihy es una campeona! Más aún, es una campeona divertida, entusiasta y amorosa. Cuando le pedí permiso para publicar su testimonio en este libro, habló claro: «Siento que todo lo que sufrí servirá para ayudar a otras personas y eso me pone MUY FELIZ».

Sihy tuvo un montón de síntomas diferentes, algunos sorprendentes, como los escalofríos en la cara. Con la ansiedad, todo es posible, ya que es la propia mente la que genera todo eso y la imaginación del ser humano es potentísima. No debemos asustarnos por ello.

En un proceso como los ataques de pánico, cuerpo y mente se sensibilizan mucho y es posible que nos moleste o duela cualquier cosa. Con ansiedad, estamos en alerta máxima. Por eso, una vez iniciada la cura, necesitaremos un tiempo para desactivar toda esa sensibilización. Paciencia.

La adicción a los ansiolíticos es un tema muy común y que merece todo un libro. Yo diría que superarla es difícil y, al mismo tiempo, no tan difícil. Lo es porque, cuando dejamos de tomarlos, el cuerpo protesta y provoca malestar. Para algunas personas, será un malestar casi intolerable. Pero es sólo porque no han experimentado molestias peores. Lo cierto es que, en el peor de los casos, el grueso del síndrome de abstinencia dura muy poco. Se trata de aguantar tres o cuatro días. ¿Qué es eso comparado con toda una vida libre de adicción? Nada.

Pasa a menudo que muchas personas reducen los ansiolíticos poco a poco, con la ayuda de su médico, y no experimentan ningún problema. Veamos qué sucede en cada caso.

Desde luego, es un hecho que dejar los ansiolíticos se puede hacer (siempre con la supervisión del médico) y conviene hacerlo. Será una exposición más. Un aprendizaje maravilloso para la vida.

Sihy menciona una frase que me encanta: «Nada es tan terrible». No en vano, uno de mis libros se titula justo así. Ya hemos visto que las lecciones que proporciona este proceso van más allá de la ansiedad. Uno aprende a vivir mejor, a enfrentar la vida con mayor soltura, a apreciar más las pequeñas cosas. ¡Qué bonito oír que nada es tan terrible de una persona joven y con toda la vida por delante! Le auguro una existencia bella y fructífera.

3

Francisco, el empresario que atajó el problema hace tiempo

Hace diez años que superó la ansiedad y ya ni se acuerda

> La oportunidad más preciosa se presenta cuando llegamos a ese lugar donde pensamos que no podemos con lo que está pasando, que es demasiado, que las cosas han ido demasiado lejos.
>
> PEMA CHÖDRÖN

Francisco es un empresario de éxito. Cuando lo conocí, dirigía una empresa de más de doscientos trabajadores a nivel nacional. Como hombre resolutivo que es, en cuanto empezó a tener ataques de ansiedad, se dio cuenta del problema y lo quiso atajar de inmediato. Trabajó de forma ejemplar y en unas diez o doce sesiones ya estaba bien. Han pasado más de diez años desde entonces y esa vulnerabilidad no ha vuelto jamás.

Hay algunas escuelas de psicoterapia que entienden que los problemas emocionales necesitan mucho tiempo (años) para solucionarse, creen que es necesario ahondar en el pasado de la persona, cambiar una pretendida estructura infantil de personalidad, darle que te pego a la introspección... Piensan que un trabajo rápido no es viable. Defienden que esa cura, de darse, no es permanente. Francisco, en cambio, es la demostración de que no tienen razón. Él nunca más ha vuelto a sufrir un problema de ansiedad, a pesar de llevar una vida trepidante de negocios, viajes y múltiples responsabilidades.

Más adelante veremos el caso de Carme, que también superó un trastorno de ataques de pánico, en su caso hace más de veinte años. Cada día se siente más fuerte y feliz. Y no sólo eso: está segura de que nunca más va a tener un problema emocional de ese tipo, porque ya sabe cómo funciona el miedo agudo.

De los más de cien testimonios que hay públicos en mi canal de YouTube, la mayoría se califican con una nota de nueve y medio en su progresión hacia la cura. Les falta muy poco para alcanzar la plenitud. Dan su testimonio justo al finalizar la terapia, cuando ya se sienten libres y todavía tienen muy fresco el trabajo realizado. Son una fuente de aprendizaje fantástica. El proyecto de los testimonios de YouTube incluye volver a entrevistar a todas estas personas muchos años después para que nos cuenten cómo ha ido su vida. Serán historias maduras, como las de Francisco y Carme, quienes han seguido creciendo más allá incluso del diez.

RAFAEL: *Francisco, ¿qué es lo que tenías tú cuando viniste a verme? ¿Qué te pasaba?*

FRANCISCO: Pues, mira, yo tuve un día un ataque de pánico y el síntoma principal era la idea de que se me podía ir la cabeza. Era lo único que me preocupaba. Estando en casa, no sé qué estaba pasando, de repente pensé: «¡Ostras, ostras, se me está yendo la cabeza! ¿¡Qué es lo que me está pasando!?». Y me entró un miedo de que me estuviese volviendo loco de verdad. Me tuve que tumbar y llamar a Urgencias. Vinieron los médicos a casa. Me dieron un tranquilizante y me quedé ya más tranquilo aquel día. Pero, en el fondo, estaba muy asustado. «¿Me estaré volviendo loco?», pensaba. Y, a partir de entonces, le cogí miedo a eso. Puede sonar raro, pero en muchas situaciones de la vida diaria tenía la sensación de que acabaría con demencia. Ahora me doy cuenta de qué pequeñas chorradas me despertaban ese miedo y me tenían asustado a todas horas.

R.: *Esto demuestra que, como he explicado muchas veces, los ataques de ansiedad suceden más bien por casualidad. Un día notas algo interno que te asusta y aquí está. A mucha gente le pasa con sensaciones en la zona del corazón. Piensas: «¡Hostia, he tenido un dolor muy raro, quizá una arritmia, quizá un infarto!». Le coges miedo y te preguntas: «Dios, ¿qué me está pasando?». Y tú mismo haces una pelota en décimas de segundo.*

F.: Exactamente. Cuando me entraba ese miedo, creía que lo más seguro era estar en casa con mi familia. Por ejemplo, recuerdo que un día tenía que coger un tren y no llegué a montarme, porque me dije: «Ostras, si me vuelvo loco en el tren, ¿qué hago? ¿A quién recurro?». Y empecé a evitar algunas cosas de ese tipo: alejarme mucho de casa, viajar...

R.: *Pero, en ese momento, antes de que la cosa se complicase más, reaccionaste muy bien, buscaste ayuda profesional.*

F.: Claro. Enseguida pensé que no era normal y que necesitaba a alguien que me ayudara ya. Busqué por internet y encontré el Centro de Terapia Breve, tu centro. Y me sonó muy bien lo de «terapia breve». Llamé y te encontré.

R.: *Es verdad. Ahí nos conocimos. Y debimos de hacer diez o doce sesiones, no muchas.*

F.: Sí, algo así, unas doce visitas en tres meses. Sesiones de una hora. Y, a los tres meses, estaba razonablemente bien. Bastante bien.

R.: *De hecho, desde que hicimos esa terapia han pasado diez o doce años y tú ya no has vuelto a tener nada de eso.*

F.: A lo largo de estos años, he tenido alguna situación que me lo ha recordado, pero me he dicho: «No, no, esto es esto. Y no pasa nada». Nunca he vuelto a tener un ataque de pánico como tal. Ya ni me acuerdo de cómo eran. Llevo años que ni me acuerdo.

R.: *Durante un tiempo, queda una pequeña reminiscencia de la neura, pero dura décimas de segundos. Al final, ni eso. Porque la mente se olvida. ¿Cómo explicarías tú, Francisco, la terapia que hiciste conmigo? ¿Qué fue lo que a ti te vino bien?*

F.: El primer beneficio fue saber qué me pasaba: un ataque de pánico, una cosa común, un problema conocido. No era algo extraño que me pasaba sólo a mí y tampoco se me estaba yendo la cabeza.

R.: *Exacto, fíjate, en estos momentos los ataques de ansiedad afectan a una de cada diez personas. Con la vida estresante que tenemos es más fácil sugestionarse y cogerle miedo a una sensación interna. Es algo supercomún. Y, claro, saber que no te pasaría nada... te ayudó mucho.*

F.: Eso es, identifiqué el problema y supe que todo iría bien. O sea, que no me iba a explotar la cabeza, que no perdería el control. Recuerdo que me contaste que, en un ataque de pánico, a nadie le había pasado nada.

R.: *Y mira que ha habido millones, ¿eh?*

F.: Me decías que, si me llegaba a suceder algo, tendríamos que poner un diploma en la pared que rezara: «¡Francisco ha sido el primero, enhorabuena!». Eso me impactó. Para mí, fue importante saber que el malestar era fruto del propio miedo. Conocer el mecanismo del miedo al miedo también me vino muy bien. Me explicaste que se trata de un círculo vicioso. Tú mismo alimentas esa locura y te metes en ese bucle. Así, cuando me venía, me decía: «Vale, esto es esto».

R.: *¡Qué bueno!*

F.: Y otra cosa. También me comentaste: «Convive con ello, estate con ello. Te entrará la ansiedad, pero tú permanece tranquilo, porque no te va a pasar nada. Se terminará yendo». Fueron estos mensajes los que más me llegaron y me ayudaron a acabar con el miedo.

R.: *Fantástico. La verdad es que eres un caso de resolución muy rápida, muy efectiva. Es, sobre todo, porque viniste enseguida. Eres un tipo listo: identificaste muy rápido el problema y decidiste ir a un profesional que dominase el asunto.*

F.: Sí, sí. Y, tras ese problema, he hecho una vida absolutamente normal. Una vida que incluso podríamos calificar de estresante, con obstáculos, difícil. Yo he sido empresario, levanté un negocio con más de doscientos trabajadores y lo he vendido con mucho éxito. O sea, he tenido una vida bastante potente. Y, fíjate, aquella ansiedad desapareció por completo y no ha vuelto a formar parte de mi vida.

R.: *Te sientes fuerte y capaz, ¡como cuando tenías dieciséis años!*

F.: ¡Eso es!

R.: *Francisco, te agradezco mucho tu testimonio. Como siempre, es muy bueno para todo el mundo saber que la ansiedad y el pánico se superan. Un abrazo muy grande.*

F.: Sí. ¡Espero que mi ejemplo sirva a muchas personas! Un abrazo fuerte. Adiós, Rafael.

COMENTARIO FINAL

No tenerle miedo al miedo, ésa es la cuestión.

Este libro contiene muchas citas de una de mis maestras, la monja budista norteamericana Pema Chödrön, que tiene más de ochenta años y ha dedicado toda su vida a la meditación. Su experiencia de transformación desde que era una madre joven y separada en los años setenta hasta convertirse en una de las más reverenciadas sabias de nuestro tiempo es maravillosa. Y nos la explica en su libro *Cuando todo se derrumba* (2022) para que podamos beneficiarnos de ella.

La meditación budista nos enseña que todas las emociones, las buenas y las malas, son creaciones de nuestra mente. No son sólidas ni tampoco del todo reales, pero nuestra percepción suele ser la contraria. Nos parece que todo lo que sentimos y pensamos es muy importante, crucial. ¡Qué tontería! Ahora pensamos y sentimos una cosa, y dentro de cinco minutos lo contrario.

Es mucho más sabio aprender a jugar con todo ello, pero desde la distancia. Nuestras emociones y pensamientos sólo son producciones de nuestra mente pequeña, pero, atención, también existe la mente grande, un espacio mental inconmensurable, siempre tranquilo, siempre alegre y mucho más prudente. Allí, en la mente grande, gozamos de todo lo que hay y apenas participa ese loro que no calla nunca.

Cuando meditamos, intentamos centrar la atención en la respiración y enseguida nos damos cuenta de que nos invade una cascada de pensamientos absurda. Nuestro trabajo, entonces, consiste en apartar suavemente esa loca cháchara para centrarnos de nuevo en la respiración. Poco a poco, con el paso de los años, toda esa producción mental pierde credibilidad y fuerza. Y ya las emociones no nos invaden tanto, no nos arrastran. Qué paz, qué libertad.

Junto con el trabajo de la meditación, Francisco aprendió a domesticar su mente pequeña siguiendo los cuatro pasos. Aprendió que esos ataques de ansiedad eran sólo algunas olas encrespadas en un mar gigantesco. Y ya no le molestaron nunca más.

4

Melissa, año y medio para una transformación total

Otra visión del mundo es posible

> En lugar de quejarnos o rechazar la experiencia, podemos dejar que la energía de la emoción, la calidad de lo que estamos sintiendo, nos atraviese el corazón. Esto es más fácil de decir que de hacer, pero es una manera noble de vivir.
>
> PEMA CHÖDRÖN

Melissa es colombiana y vive en España. Es una mujer activa y muy en forma. Pero no siempre fue así. Hace tan sólo un año y medio pesaba veinticinco kilos más a causa de su malestar psicológico. Tenía ataques de ansiedad y no se movía de su zona de seguridad, que, en su caso, era la cama.

Los ataques le provocaban unos síntomas muy floridos: tenía convulsiones y desmayos. Los había tenido desde niña y en los últimos tiempos se habían vuelto más agresivos. En innumerables ocasiones, sus familiares se vieron obligados a llamar a una ambulancia.

Melissa comenzó a relacionarse con nuestro método de

los cuatro pasos desde el escepticismo. Se decía a sí misma que no funcionaría, pero los testimonios que vio en YouTube le despertaron la curiosidad, una tímida esperanza. Hoy, ella nos cuenta su historia. Llevó a cabo una bella combinación de trabajo cognitivo y conductual que arrojó unos frutos maravillosos. Ahora se siente otra persona. Todo su carácter ha cambiado, su perspectiva de la vida, su manera de relacionarse con los demás. Y, por supuesto, su mundo emocional.

Hasta el momento he publicado cuatro libros de psicología cognitiva: *El arte de no amargarse la vida* (2011), *Las gafas de la felicidad* (2014), *Ser feliz en Alaska* (2016), *Nada es tan terrible* (2018). Y un libro de psicología conductual: *Sin miedo* (2021).

La psicología cognitiva se fundamenta en transformar nuestro diálogo interno. Cambiar nuestros pensamientos, lo que nos decimos a nosotros mismos, nuestras creencias sobre la vida... de forma radical. Por ejemplo, si me deja mi novia esta noche, me deprimo, no porque me haya abandonado, sino por lo que me digo: «¡Dios mío, estoy solo! ¡Soy un desgraciado!». Si cambio esos pensamientos, el malestar desaparecerá.

La psicología cognitiva nos enseña a tener el mejor diálogo posible en la vida y ante cualquier adversidad. Incluso si contraemos un cáncer o nos meten en la cárcel. Por eso, está indicada para cualquier neura y en cualquier momento de nuestras vidas. Sea cual sea nuestra posición de partida, nos hará más fuertes y felices.

La psicología conductual, que se explica en *Sin miedo,* es muy distinta. Va dirigida a otro tipo de problemas: los ataques de ansiedad, la hipocondría y el TOC. Es decir, se utiliza en personas que se sienten invadidas por un miedo atroz, directo e irracional. En esos casos, no hay tiempo para pensar ni argumentos que valgan. A la persona se la llevan los demonios en décimas de segundo. Aquí empleamos el camino directo: desensibilizarnos de la emoción negativa mediante la exposición.

RAFAEL: *Tú hiciste terapia en línea con Fiammetta Grignolo, psicóloga de nuestro equipo, ¿verdad?*

MELISSA: Efectivamente.

R.: *Me gusta mucho el trabajo que has hecho, combinando la terapia cognitiva con la conductual. Se trata de grandes herramientas que transforman vidas: cambian la manera de pensar y de sentir.*

Pero veamos primero las crisis de ansiedad, que eran tu principal problema. Las sufrías desde pequeña. Si no me equivoco, te daban unos ataques con una agitación parecida a convulsiones.

M.: Eso es.

R.: *Las convulsiones son un síntoma no tan conocido como el ahogo o la aceleración del corazón, pero también se dan. Muchas veces se confunden con epilepsia y entonces los neurólogos tienen que hacer todas las pruebas correspondientes para distinguirlo de la enfermedad. Suzanne O'Sullivan, una neuróloga británica, especializada en epilepsia, publicó un libro muy bueno sobre ese tipo de pseudoepilepsia titulado* Todo está en tu cabeza *(2016). Uno de los trabajos que has hecho con Fiammetta es aprender a no tener miedo a los ataques. ¿Ahora, de cero a diez, cómo dirías que estás en general?*

M.: Ocho y medio o nueve.

R.: *Eso es que la ansiedad te dura muy poquito, ¿no?*

M.: Muy poco.

R.: *¿Las convulsiones ya no están?*

M.: No están. Tengo mucha mejor calidad de vida. Es que, simplemente, Rafael, aquello no era vida.

R.: *Claro. Y sé que seguirás trabajando hasta eliminar la ansiedad del todo. Lo puedes hacer.*

M.: Ahora tengo las herramientas. Me queda nada para el diez.

R.: *Oye, ¿al principio fue muy difícil «afrontar» y «aceptar» todas esas sensaciones?*

M.: Sí, porque «aceptar» dolía y lo que duele no lo gestionamos bien. Sí, fue difícil, pero se puede. Y, a la vez, fue gratificante, sobre todo cuando trabajé la parte cognitiva, los pensamientos.

R.: *Has aprendido a «aceptar» y «flotar» muy bien. Antes me comentabas que, por ejemplo, ayer te dio un poco de ansiedad y te pusiste a limpiar. Siempre puedes hacer eso, algo mecánico. Le dices a tu mente: «Tú haz lo tuyo, que yo haré lo que me dé la gana. Me voy a dedicar a limpiar y ya se me pasará».*

M.: Ayer fue muy curioso, porque en cuanto sentí la falta de aire y lo demás pensé: «¡Ya ha venido mi amiga la ansiedad!». Agarré la fregona y hala. ¡Prácticamente no había empezado y ya no la tenía!

R.: *¡Qué guay! Ya sabes estar cómoda en la incomodidad.*

M.: «Aceptar» la ansiedad es decirse a una misma: «De acuerdo, esto está conmigo, me está sucediendo y no pasa nada». Antes sólo había miedo y me lo tenía que quitar de encima.

Cada vez que me pasaba algo, creía que iba a morir. Y, claro, eso era intolerable. Luego, además, aparecía la culpa, me sentía culpable de que mi entorno sufriese por mí.

R.: *Te asustaban mucho esos ataques.*

M.: Sí, sí. Me quedaba prácticamente paralizada. Eran unos espasmos tremendos e incluso perdía el conocimiento. ¡La de veces que el SAMUR ha venido a mi casa!

R.: *Hablemos ahora también de la parte cognitiva. Tú has aprendido que, con mucho trabajo, se puede cambiar de filosofía de vida de forma radical. Aunque, al principio, estabas un poco enfadada, porque decías que nadie puede pensar así, que nadie puede llegar a defender lo que explico en mis libros de psicología cognitiva, ¿verdad?*

M.: Sí, yo era una incrédula. Los leía y pensaba: «Pero ¿qué me está contando este tío? Me quiere vender algo bueno, bonito y barato. ¡Esto no es así!». Y, guau, aquí estoy ahora. ¡Sí se puede! Los testimonios despertaron en mí la curiosidad. Fueron fundamentales, porque les pones cara a las personas que lo han logrado antes que tú y dan ganas de probar.

R.: *Has comprobado que, en realidad, nuestro mundo emocional turbulento nos lo provocamos nosotros con nuestras exigencias, pensamientos y presión, ¿verdad?*

M.: Efectivamente. Parte del trabajo consiste en dejar de ser tan catastrofistas, aceptar a las personas, a la familia, la sociedad, aceptarte a ti misma. Se trata de un cambio global, no es sólo un tema. En cuanto empiezas a hacerlo, te va invadiendo una paz maravillosa. Ahora sé que mis emociones hacia determinadas cosas son respuestas a mis pensamientos previos.

R.: *También has comprendido que la gente que te rodea no es perfecta. Pero la buena noticia es que no necesitamos esa perfección en absoluto. Eso para ti fue muy importante.*

M.: Desde luego. Acepté que mi pareja es la que es y mis padres son quienes son. A veces, ni siquiera necesito entenderlo, es cuestión de aceptarlo. Curiosamente, esta aceptación —también de mí misma— me ha ayudado a poner límites a las cosas que no están bien, a las conductas que no comparto, a lo que me puede hacer daño. Pero, al mismo tiempo, ahora disfruto de lo bueno, que sí está disponible. Todo eso me ha permitido tener relaciones más funcionales. Antes no las tenía.

R.: *Yo me digo: «No necesito que mi gente querida sea perfecta. Los quiero así y voy a aprovechar lo que tienen. Lo malo lo esquivaré». Pero, así como yo no exijo que la gente sea perfecta, nadie tampoco me tiene que exigir a mí. Ellos también deben aprovechar lo bueno que tengo y olvidarse de lo malo.*

M.: ¿Sabes qué pasa? Yo pensaba que la gente esperaba a una Melissa perfecta y me he dado cuenta de que no. Esa idea me la había construido yo. Todos me siguen queriendo con mis imperfecciones y también con mis cosas lindas, que son muchas. Y he de hacerlo igual conmigo misma: quererme como soy. Pensar así es un regalo que me hago.

R.: *En ese sentido, tu vida ha cambiado mucho también. En tu percepción de la vida y de los demás.*

M.: Literal. Porque al final somos seres sociables. He tenido siempre una relación de pareja muy bonita, pero es que ahora es mejor. Si le preguntan: «¿Cómo es vivir con la Melissa de hace un año y medio y con la Melissa de ahora?», seguro que te dice que ahora es mucho más fácil.

R.: *Claro. Eres una Melissa más flexible y feliz.*

M.: Vivimos más tranquilos y disfrutamos más de todo. Y, Rafael, la relación con mis padres también es mucho mejor. Ahora siento que aprendo de todo lo que me sucede. También sé poner límites. La verdad es que ha sido un *win-win* en todos los ámbitos.

R.: *Además, creo que has adelgazado un montón.*

M.: ¡Como veinticinco kilos! Estaba fatal, porque no me movía para nada. Desde 2015, teletrabajaba y, Rafael, ¡lo hacía desde la cama! Comía cada día en el sofá o en la habitación. Mi familia hacía broma de ello. Pero ahora mi sobrino, que tiene tres años, me llama «la tía del yoga». O sea, me relaciona con el ejercicio. Tanto ha sido el cambio que he ayudado a gente de mi entorno a adelgazar y estar mucho más sanas. Al ver mi transformación, han dicho: «¡Guau, yo también quiero!».

R.: *Claro. Al quitarte la ansiedad y la depresión de encima, te has propuesto disfrutar. «¡A hacer cosas buenas por mí y por los demás!».*

M.: Sí, sí, desde luego. Y es que disfruto. Hace poco, hubo alguien que me preguntó: «¿Por qué haces tanto deporte?». Y le respondí: «¡Porque me puedo mover! ¿Acaso no es eso un motivo suficiente para hacer ejercicio?». Yo no sé si mañana tendré un accidente y ya no podré hacerlo. Quiero aprovechar todo el tiempo que pueda para moverme. Por ejemplo, el otro día me subí a un escenario a bailar, delante de miles de personas. Ésa era una pasión que tenía y que nunca había trabajado por mis creencias irracionales. Bailé y disfruté. La verdad es que estoy en un gran momento de mi vida.

R.: *Para terminar, Melissa, ¿qué consejo le darías a alguien que tenga una mala gestión de sus emociones?*

M.: Hay momentos en que crees que la realidad es la que ves. Pero existe otra visión. Nos podemos vestir con una capa diferente. Si no tienes las herramientas para gestionar ese cambio, hay profesionales que te pueden ayudar. A veces es un camino doloroso, lleno de espinas. Pero vale la pena transitarlo.

R.: *Podríamos decirles: «Mirad, aunque ahora no os lo parezca, hay una manera de transformar vuestro mundo emocional. Os costará un trabajo, pero el premio será grande». Tú misma, antes de empezar la terapia, te convenciste: «Esto es lo más importante, dejaré incluso los propósitos laborales para concentrarme en el gran aprendizaje de mi vida».*

M.: Así mismo. Como te decía antes, fui *all in*, o sea, «a por todas». Mi prioridad durante un año y medio fue este trabajo. Necesitaba poner todas mis energías en mí, porque sabía que no tenía otra opción. Era: «Mejoras o mejoras». En realidad, mi situación es la misma que antes, no ha cambiado absolutamente nada. Quizá haya cosas que incluso han empeorado. Pero yo sí he cambiado. El compromiso es la clave. Porque hice otras terapias y no me comprometí. Ésa es la diferencia.

R.: *Esto me recuerda el testimonio de Susana —que también está en YouTube—, una chica que hizo terapia conmigo hace años, más de diez. Ella es de Menorca, pero ahora vive en Malta. Nos relataba que hizo un cambio increíble. Estaba muy deprimida cuando yo la conocí. Entonces trabajaba de camarera y se dijo: «No puedo más». Ahorró el dinero para hacer la terapia y decidió darlo todo: «Voy a ir a tope. Esto no me puede fallar. Primero, porque no me sobra el dinero para gastármelo tontamente. Segundo, porque no estoy dispuesta a seguir así». Susana lo explicaba de esta forma: «No había otra opción, ¡tenía que cambiar y punto!».*

M.: ¿Sabes qué le decía a Fiammetta durante la terapia? «Estoy pagando mucho para mi economía y le tengo que sacar todo el provecho. ¡No voy a tirar el dinero a la basura!». Y eso fue un motor que me ayudó a implicarme. «Hay que metérsela toda», como dicen los italianos.

R.: *Me ha encantado tu testimonio. Es una combinación muy guay de psicología cognitivo-conductual. Te lo agradezco mucho, porque va a ayudar a un montón de gente.*

M.: Muchas gracias a ti y muchísimas gracias a tu equipo. Las personas de mi entorno, al ver este cambio en sólo un año y medio, ni se lo creen. Ahora me preguntan todo el tiempo qué deben hacer o no hacer. Es maravilloso.

R.: *Te mando un beso muy grande.*

M.: Otro para ti.

COMENTARIO FINAL

Desde que completó su terapia, Melissa es otra persona. No sólo ha dejado de tener ansiedad por primera vez desde que era niña, sino que está descubriendo una nueva vida. Y es algo que se nota también por fuera. Ha adelgazado nada menos que veinticinco kilos y ha pasado de no salir de la cama a ser la deportista de la familia.

Eso es algo muy común. Cuando las personas se liberan

de una carga emocional como los ataques de pánico y el TOC, salen a comerse el mundo. ¡No hay quien los pare!

A los pacientes que vemos en consulta, les sugerimos que lean mi libro *Sin miedo,* que será su Biblia, su manual de cambio. También tienen que mirarse mis libros de psicología cognitiva. Les decimos: «Como parte de la terapia, deberás leer cada día durante media hora como mínimo. Si quieres leer más, puedes hacerlo. Pero, como mínimo, media hora al día».

La psicología cognitiva es un buen añadido al método de los cuatro pasos. Con ella aprendemos a no exigirnos locamente. Muchas neuras que tenemos los seres humanos se deben a las superexigencias que nos imponemos y que ejercen una presión insoportable.

Existen tres tipos de superexigencias:

- DEBO hacerlo todo bien o muy bien.
- La gente DEBE tratarme como espero.
- El mundo DEBE funcionar como está previsto o, de lo contrario, ¡no lo puedo soportar!

En cambio, los pacientes aprenden a decirse otra cosa:

- «Me gustaría hacer todo bien, pero a veces fallo y no pasa nada».
- «Sólo necesito que algunas personas de mi entorno me traten bien y tampoco todo el tiempo, porque son humanos y también fallan».
- «El mundo ya tiene mucha abundancia. Y es imposible que todo salga según los planes. Aprovecharé lo que sí funciona, que es mucho».

Cuando transformamos nuestra filosofía para hacernos más livianos —con menos necesidades—, dejamos de quejarnos y se abre un maravilloso espacio para la alegría y el amor.

Y podremos parecernos a Francisco de Asís, cuando dijo: «Cada día necesito menos cosas; y las pocas que necesito, las necesito muy poco».

5

Sainza, ataques de ansiedad e hipocondría

«La clave es hacerte amiga de la ansiedad»

> Queremos conocer el dolor para poder dejar
> de huir incesantemente de él.
>
> PEMA CHÖDRÖN

Sainza es una joven de Pontevedra que, desde hace unos años, vive y trabaja en Alemania. Se puso en contacto con nosotros desde allí e hizo terapia mediante videollamada con una fantástica psicóloga de nuestro equipo, Lisa Mazzoni. En el momento de esta charla, estaba en la fase final del proceso, a un noventa y cinco por ciento de mejoría.

En la consulta, cuando los pacientes están tan avanzados, ya les damos el alta para que acaben el trabajo por su cuenta. De esta forma, se empoderan todavía más. Alcanzan la convicción de que ellos mismos pueden convertirse, desde ese momento en adelante, en su propio terapeuta.

Sainza es una persona muy inteligente y eficaz. Viajó siendo muy joven a Alemania, aprendió el idioma en tiempo récord y ejerció allí su profesión con mucho éxito. Pero ser fuertes no impide que podamos caer en una trampa mental.

La ansiedad le comenzó como una pequeña molestia,

pero, al cabo de un tiempo, los síntomas se fueron acumulando y la pusieron contra las cuerdas con una virulencia que la dejaba desconcertada. No entendía qué le estaba sucediendo ni, todavía peor, dónde podía acabar aquello. Llegó a experimentar ataques de ansiedad, una hipocondría intensa, dolores musculares agudos, vértigos, desrealización y mucho insomnio, todo a la vez. Una pesadilla que duró seis años, hasta que encontró la solución en *Sin miedo* y se puso a trabajar con una intensidad ejemplar.

Las sensaciones físicas de la ansiedad pueden ser muy llamativas. Nuestra propia mente las crea y, por eso, la gran imaginación del ser humano puede convertirse en nuestra peor enemiga. Pero la buena noticia es que, de la misma forma, podemos enseñarle a nuestro cerebro a producir contenidos positivos y constructivos.

La mayoría de las personas que superan la ansiedad consiguen también ser más felices de lo habitual. ¿Cómo? ¿Por qué? Porque aprenden a aplicar el método de los cuatro pasos a todas las emociones negativas de su vida.

Hay una parte en nuestra conversación que me gusta especialmente, cuando dice: «Las otras terapias que había hecho me decían todo el rato: "No tengas miedo al león, que no te va a hacer nada". Pero esta terapia me pareció revolucionaria, porque decía: "Coge al león y enciérrate con él. Echa la llave, tírala al mar y no pares hasta que el león coma de tu mano". O sea, ¡a tope!».

Sainza comprendió muy bien el espíritu de los cuatro pasos y que se trataba de darlo todo en la exposición. Ella hizo un trabajo muy intenso. Y eso le dio unos resultados fantásticos. Recomendamos, no obstante, acudir al médico antes de hacer ejercicios similares, para que compruebe que estamos sanos y que podemos alcanzar tales intensidades. De la misma forma que antes de ir al gimnasio, debemos conocer con un profesional médico nuestra forma física.

RAFAEL: *¿Qué problema tenías, Sainza?*

SAINZA: Ataques de pánico y, en los últimos años, hipocondría.

R.: *¿Y era muy fastidioso todo eso?*

S.: Sí, sí lo fue. Mi ansiedad empezó hace unos seis años y mi síntoma principal era falta de aire. Me duraba todo el día. Se me cerraba la garganta y, de verdad, no me entraba oxígeno. Era una sensación de no poder llenar los pulmones, como una asfixia. También tenía dolores musculares: pinchazos en la cabeza y en la zona del corazón. Y, para rematar, un insomnio muy fuerte y constante. Digamos que dormía por agotamiento. Y, al cabo de tres años, se sumaron los vértigos.

R.: *Se te juntaron muchas cosas: la asfixia, los dolores, el vértigo, el insomnio...*

S.: También tuve desrealización, la sensación de no estar viviendo realmente lo que me ocurría. Era como si mi vida fuera una pantalla de cine, a mí no me pasaba nada. Era extraño. Muy muy desconcertante. De hecho, me hizo dudar de si me estaba volviendo loca. Me decía: «Igual estás zumbada y te van a poner una camisa de fuerza».

R.: *Es una sensación muy chocante, pero, por otro lado, es algo muy común.*

S.: Claro. Pero yo, entonces, desconocía por completo qué era la ansiedad y lo que sentía me resultaba muy desagradable y desconcertante. Es que me ponía atacada, no entendía nada. La despersonalización es muy incapacitante, porque te deja fuera de combate.

R.: *¿Y cómo fue la hipocondría?*

S.: Pues ante cualquier pequeña sensación, iba al médico corriendo y le decía: «¡Me va a dar un infarto, me va a dar un ictus!». Realmente, Rafael, ¡cada día pensaba que me moría! En mi mente, tuve todo tipo de enfermedades terribles y apocalípticas. Es decir, creía que las tenía y, claro, esa angustia no me dejaba vivir.

R.: *Y, en un momento dado, descubriste algún libro mío, ¿no?*

S.: Sí. Fue *Sin miedo,* a principios de 2021.

R.: *Eso es cuando salió.*

S.: Mi pareja me habló de ti. Me dijo: «Oye, léete el libro, que este psicólogo es una pasada». Recuerdo hojearlo y pensar: «¡Ostras, tú, esto es la clave!». Me quedé alucinada con los cuatro pasos. Las otras terapias que había hecho me decían todo el rato: «No tengas miedo al león, que no te va a hacer nada». Pero esta terapia me pareció revolucionaria, porque decía: «Coge al león y enciérrate con él. Echa la llave, tírala al mar y no pares hasta que el león coma de tu mano». O sea, ¡a tope!

R.: *Guau, ¡me ha encantado esa metáfora! Ja, ja.*

S.: Sí, comprendí que tenía que exponerme a tope. La terapia de exposición, con ese nombre, no la había visto ni oído jamás. Era lo más de lo más. Y, gracias a ella, puedo decir que estoy ya en el noventa y cinco por ciento.

R.: *Qué bueno. ¿Lisa y tú habéis acabado ya u os veis de vez en cuando?*

S.: Hemos quedado dentro de dos meses para hacer como una

especie de sesión de control. Para ver cómo sigo avanzando. En realidad, no quiero acabar, porque soy muy fan de tener psicólogo. Pero, vamos, ella me dijo que con el avance que he hecho ya me puedo considerar curada.

R.: *¡Qué bien! Danos un ejemplo de exposición heavy que hayas hecho.*

S.: Por ejemplo, las exposiciones a los vértigos. Los vértigos son muy incapacitantes. Sientes que tu cuerpo, de repente, pierde la musculatura y te vas a caer hacia atrás. Es como cuando te asomas a un sitio alto y necesitas sujetarte a algo muy rápido para no despeñarte. Tienes esa sensación horrible todo el día. Yo le tenía un pánico tremendo y, cuando sucedía, directamente me sentaba o me apoyaba en una pared. Y Lisa me indicó: «Nada de agarrarte. Si te da el vértigo trabajando, te pones de pie e incluso te echas un poquito para atrás, a ver qué pasa. Si te caes, pues te caes, ya te levantarás». Al principio me costaba muchísimo hacer eso. Pero aquí, al lado de mi casa, hay un parque que tiene una montañita bastante alta y, arriba, una torre de treinta y cinco metros. Cada día me iba al parque, subía a la torre y me quedaba allí arriba sufriendo como una condenada. Me venían unos vértigos de muerte y yo ahí, sudando en frío, durante unos quince minutos.

R.: *¡Qué valiente!*

S.: Sí. La verdad es que tengo que darme una palmadita en la espalda por esto. Otro ejercicio que hice fue exponerme a las palpitaciones. Cuando te dan, se te sube literalmente el corazón a la boca. Así que evitaba todo tipo de bebidas con cafeína. Me daba mucho miedo todo lo que me podía acelerar el corazón. Pues me dije: «A partir de ahora voy a tomar café».

R.: *Muy bien.*

S.: Sí. Y cada día me iba al parque a subir la montañita. «Venga, Sainza, que te suban bien las pulsaciones». Semana a semana, los síntomas fueron desapareciendo. Fue como mágico. Yo llevaba seis años con esa horrible movida y, de pronto, un día me di cuenta: «Anda, pero si llevo una semana sin ansiedad, ¡qué fuerte!».

R.: *Trabajaste muy bien.*

S.: La clave es hacerte amiga de la ansiedad. Perderle el miedo. Al inicio, los síntomas continúan dando la vara, pero te has de decir: «No pasa nada, amigos, porque estéis ahí». Y pronto flotarás, estarás medianamente cómoda. A medida que les pierdes el miedo, van desapareciendo.

R.: *Así es. El cerebro va desprogramándose y entonces te invade la paz. Una paz que ya habíamos olvidado.*

S.: Y debes repetirte: «Si vuelven a aparecer, pues que vengan, no pasa nada. Ya lo he vivido, sé lo que es. ¿Que me viene un vértigo? Bah, esto ya lo conozco, no hay problema. Pasará». Haces los cuatro pasos hasta el infinito. No siempre es fácil, porque hay días que te cuesta mucho aceptar, decir: «Ya está aquí otra vez, no pasa nada». Y las recaídas pueden aparecer. Hay momentos de: «¡Dios, no sé si estoy avanzando algo!». Recuerdo que una vez le comenté a Lisa: «Creo que andamos mal, porque, mira, me he vuelto a sentir tres días muy muy ansiosa». Las recaídas te bajan mucho la moral, pero ¿sabes?, lo estás haciendo bien; simplemente son recaídas, forman parte del trabajo. Es importantísimo saberlo y tenerlo en cuenta. Es muy fácil desesperarse.

R.: *Una amiga mía, que es un amor, superó un TOC de la leche y decía: «El TOC tiene muy poca memoria». Y es que es increíble: cuando tienes una recaída, es como si se te hubiese olvidado todo lo aprendido durante meses.*

S.: Sí, totalmente, totalmente.

R.: *Hay que ser muy objetivo en el momento de las recaídas. Por ejemplo, es común llevar tres meses sintiéndote muchísimo mejor y, de repente, tener una recaída y que la mente te diga: «¡Estás cada vez peor! ¡No hay nada que hacer!». Pero lo cierto es que hemos hecho un avance espectacular y ¡estamos irreconocibles! La cabeza en recaída es muy injusta. Nada objetiva.*

S.: Te dices que es una maldición, que no te vas a curar jamás y que no eres como los demás. Yo recuerdo, por ejemplo, que en alguna recaída regresó la hipocondría, que ya la tenía muy mejorada. A lo mejor se me dormía una extremidad —que esto también pasa mucho con la ansiedad— y pensaba: «¡A ver si tengo esclerosis múltiple!». Pero, por suerte, me decía Lisa: «Activa el protocolo de los cinco días. Venga, activa el protocolo».

R.: *«Activar el protocolo» es volver a tope con la exposición otra vez, ¿no?*

S.: Exacto. Y quizá ya la tenías aparcada. Yo, por ejemplo, me ponía a mirar vídeos y noticias de todo tipo de enfermedades terribles. Te los ves, te empapas de todo eso para que te suba la ansiedad y luego te quedas con la sensación. También visualizaba que el médico me anunciaba que tenía tal enfermedad terrible. Me imaginaba llamando a mi familia para decírselo: «Chicos, me voy a morir». Me veía en el hospital intubada. Es decir, me ponía en lo peor, todos los días, hasta que el cerebro se aburría del tema.

R.: *¿Cuánto tiempo has tardado en hacer el trabajo?*

S.: Unos cinco meses.

R.: *¡Superrápido!*

S.: Sí, sí, la verdad es que sí. Porque con los años que llevaba con ansiedad, madre mía, ¡cinco meses es muy poco! Si lo hubiera sabido seis años atrás, cuando empezó todo, lo que me habría ahorrado.

R.: *Has hecho un trabajo ejemplar. Hay una relación directa entre la intensidad de las exposiciones y lo rápido que progresamos.*

S.: Claro. Tienes que entregarte. Este tipo de terapia requiere, primero, creerte que te va a ayudar, convencerte de que la exposición es tu medicina. Y, luego, ponerte las pilas y decir: «Voy a estar dándolo todo el tiempo que haga falta». Entonces, irás notando alguna mejoría y, a partir de ahí, terminarás de captarlo. Hay que hacer un esfuerzo importante, sin duda.

R.: *Y, ahora, ¿estás contenta y feliz?*

S.: ¡Sí! Ahora feliz y disfrutando. Podría ponerme un nueve o nueve y medio. Nunca digo el diez. Lisa me pregunta: «¿Qué sería para ti un diez?». Y le respondo: «No tener nunca ansiedad». Ella, entonces, me abre los ojos: «Pues ya estás en el diez, porque sabes que la ansiedad puede reaparecer, pero sólo necesitas las herramientas que ya conoces para lidiar con ella». Todos tenemos estrés de vez en cuando y no pasa nada, a no ser que haya miedo. En mi caso, es verdad que ya estoy en el diez.

R.: *Te agradezco muchísimo tu testimonio. Es muy bonito.*

S.: Muchas gracias, Rafael, y a todo el equipo. Y a Lisa, claro, que es la que me ha acompañado.

R.: *Le mandamos un beso desde aquí. Otro para ti a Alemania.*

COMENTARIO FINAL

El caso de Sainza me fascina, porque tuvo una batería de ansiedades difícil de igualar. Una acumulación de neuras considerable. Pero como hizo un trabajo directo e intenso, en sólo cinco meses ya estaba prácticamente bien.

Si alguien duda de la superioridad del trabajo psicológico sobre el farmacológico, no tiene más que fijarse en el testimonio de Sainza para aclararse, ya que desensibilizarse es la verdadera cura.

En la mayoría de los casos, la hipocondría es un TOC. Las personas que la padecen entran en un bucle de incertidumbre. Nunca podrán estar seguras al cien por cien de que no están enfermas. De hecho, nadie lo está jamás. Pero la gente que tiene hipocondría no puede evitar perseguir esa quimera.

Existen hipocondríacos que van mucho al médico. Yo conocí a una mujer que acudía a unos cuatro especialistas diferentes cada semana. Y nunca tenía nada. En Lleida, su ciudad, la conocían muchísimos médicos.

La persona con TOC tiene que aceptar la incertidumbre, aprender a vivir con ella. Decirse: «No quiero saber al cien por cien si estoy bien o no. No lo sabré nunca y no lo quiero saber».

Más adelante, veremos otros casos de hipocondría, como el de Francesca, cuya neura incluía a sus hijos. No sólo tenía pavor a enfermar ella, sino también a que les pasara algo a sus dos hijos pequeños. Esa tensión era prácticamente insostenible. Pero, como en el caso de Sainza, todo desapareció con el trabajo correcto.

6

Carme, pánico superado, veinte años después

Tu vida, tuya otra vez

En lugar de luchar contra la fuerza de la confusión, podemos encontrarnos con ella y relajarnos.

Pema Chödrön

Carme es una mujer estupenda, entusiasta, generosa, atenta y feliz. Un día, durante el confinamiento, me vio dar una charla virtual y le gustó lo que explicaba sobre los ataques de pánico. Ella había tenido, dieciséis años atrás, un trastorno de ansiedad bastante intenso y lo había superado por sus propios medios.

De inmediato, se puso en contacto conmigo y me explicó: «Rafael, de jovencita yo sufrí exactamente eso que dices y me curé. Tu método es justo lo que hice. Me gustaría dar mi testimonio».

Por supuesto, organizamos una charla en redes en la que hablamos de la ansiedad. Carme había entendido de manera excepcional en qué consistía el problema y cómo liberarse. Me impresionó tanto su enfoque que, desde entonces, colaboramos juntos en unos vídeos que colgamos en YouTube, en los que hablamos de los cuatro pasos.

En la conversación que reproducimos a continuación, dialogamos sobre un concepto interesante: la «rendición». Muchas veces, las personas que sufren ataques de pánico y TOC se agotan haciendo el trabajo de exposición. Puede suceder tras un par de días sin dormir, tras soportar un gran malestar... De repente, un día amanecen demasiado cansadas e, inesperadamente, se rinden. Se dicen algo así como: «Ya me da igual todo. No puedo más. Que sea lo que Dios quiera. Ya no me interesa lo que me pase o deje de pasar. Lo que estoy sintiendo ahora o sentiré mañana».

Y, tras esa reflexión, se produce el milagro: un sentimiento de paz inmensa, profunda, total invade a la persona. Es el premio que arroja la aceptación. Sucede porque la mente deja de tener miedo.

Carme superó un montón de síntomas distintos: dolor punzante en el pecho y aceleración del corazón, ahogo angustiante, vértigos agudos e insomnio, la sensación de muerte inminente y pánico constante. Pero, tras casi veinte años de su completa curación, ninguna molestia le ha vuelto a aparecer.

Ahora, tres años después del confinamiento, conozco bastante bien a Carme. Me enorgullece ser su amigo. Pocas personas conozco tan entusiastas y amantes de la vida como ella, tan fuertes y serenas. Carme es una demostración andante de que las personas podemos esculpir nuestra mente y nuestra personalidad.

RAFAEL: *Hola, Carme. ¿Cómo estás?*
CARME: Muy bien, muy contenta de poder hablar contigo un ratito. Y si con ello podemos ayudar a algunas personas, pues encantada.

R.: *¿De dónde eres?*

C.: De Olot, Girona, una ciudad con volcanes muy chula.

R.: *¿Cuándo empezaste a tener ataques de ansiedad?*

C.: Lo mío empezó hace muchos años. Cuando tenía diecinueve. No me lo esperaba. Ni siquiera sabía qué era la ansiedad. Nunca había escuchado hablar de ella. Un día, estaba tan tranquila en casa y el corazón empezó a irme muy muy rápido. Me asusté muchísimo. Pensaba que me estaba dando un ataque cardiaco y le dije a mi madre y a mi hermana que estaba fatal, que fuéramos a Urgencias. Me hicieron un electro. Y el corazón, estupendo.

Y es que a esa edad estaba estupendísima. Me dieron un tranquilizante y se me fue. Nadie me contó que había sido un ataque de ansiedad. Sólo que el corazón estaba bien.

Pero, otro día, volvió a darme y de nuevo me asusté mucho. Esta vez fue peor, porque, como tuve pavor la primera vez, ahora ya empezaba a tener miedo al miedo. Además, creía que eran infartos. Otra vez a Urgencias, otro electro y el corazón bien.

R.: *Y ahí empezó la confusión.*

C.: Sí. Por un lado, es genial que te digan que estás sana, pero, por dentro, piensas: «¿Cómo voy a estar yo provocándome esto? ¡Una sensación de muerte inminente!». Me empezó a inquietar el hecho de tener un problema mental. En realidad, me preocupaban las dos cosas: la posibilidad del infarto, que no la había descartado, y el estar mentalmente mal.

R.: *Caes en un pozo muy confuso.*

C.: La gente te dice: «Tranquila, es ansiedad», pero tú sigues pensando que te mueres. Es muy frustrante, porque nadie te entiende. Es una situación horrorosa, porque encima te sientes sola. Lo mejor es tener cerca a alguien que haya pasado por esto antes. Bastante es estar en un pozo negro. Piensas que estás loca, fatal, que tu mente te está provocando el malestar. Imagínate, tienes un caos tremendo.

R.: *Carme, en el peor momento, ¿cuántos ataques tenías?*

C.: Muchos. Había días que uno o dos. Me daba vergüenza que me pasase delante de gente y buscaba excusas para irme a casa, que era mi refugio. Cuando no me quedaba otra, pues intentaba que nadie lo notara. Si estaba en el cine y me venía el ataque, decía que las palomitas me habían hecho daño y me iba. Si me pillaba en una fiesta, ponía otra excusa y adiós.

R.: *Te venían en cualquier momento, ¿eh?*

C.: Así es. Y era muy frustrante, muy frustrante, Rafael, porque con diecinueve años una quiere estar todo el día fuera.

R.: *Claro.*

C.: Y era quitar planes y planes, uno tras otro. Se te iban cayendo todos. Cada vez tenía más miedo. Muchas veces los cancelaba porque me decía: «Me encuentro un poco mal, ya no voy». Una situación muy desagradable y angustiante.

R.: *Llegó un momento en que la ansiedad te impedía hacer una vida normal. ¿Cómo lograste ponerle remedio?*

C.: Fui a una psiquiatra y me dio automáticamente pastillas. Pero ¡ostras!, me negué bastante, Rafael. Las tomé unos tres o cuatro meses. Me veía tan joven para medicarme, para limitarme así, que me dije: «Me tengo que espabilar, porque mi vida se está yendo al garete y yo estoy en un pozo». Puse en Google «ansiedad» y comencé a entrar en foros.

Vi que alguna gente había salido de esto y pensé: «Si ellos han podido, ¿cómo no voy a poder yo? No tengo nada que perder, sólo que ganar. Porque perdida ya estoy». Sólo podía ir para arriba, Rafael.

R.: *¡Qué bueno!*

C.: Está claro que tienes que intentar cosas diferentes. ¿Y qué decían todos estos foros? Lo mismo que tú: afrontar, aceptar... Y siguiendo todos estos pasos, poco a poco, yo misma salí.

R.: *¿Cuántos años tardaste en encontrar una solución, una metodología que pudieras llevar a cabo?*

C.: La encontré pronto y no dudé en ponerme las pilas, porque hay enfermedades que las tienes que sufrir y aceptar, como un cáncer, pero ésta yo la podía vencer. Dependía de mí. Así que, ¿cómo no iba a darlo todo para curarme?

R.: *Bien dicho.*

C.: ¿Y qué pasó? Que a medida que avanzaba, me cambiaban los síntomas. Empecé controlando el tema del corazón. Pero enseguida se transformó en problemas para respirar. Después la ansiedad pasó a manifestarse como mareos fuertes. Pero ya sabía que todo era lo mismo y no dejaba de hacer nada.

R.: *¡Genial!*

C.: Pero los síntomas eran bestiales, sin excepción. Nada suave. Con el mareo, por ejemplo, tenía la sensación de que me iba a caer desplomada en cualquier momento. Pero decidí pensar: «¿Qué es lo peor que me puede pasar? ¿Que me caiga? Pues alguien me recogerá». Y haciendo esto, Rafael, cada día, el problema cede y cede. Y te vas animando, porque cada vez te viene menos fuerte y menos tiempo, ¡hasta que desaparece! Es alucinante: desaparece y ya está. ¡Vuelves a ser el dueño de tu vida! ¡Tu vida es tuya otra vez! ¡Eres libre! ¡No tienes miedo!

R.: *Por cierto, ¿cuántos años hace que lo has superado?*

C.: Pues bastantes, como quince.

R.: *¿Y cuánto dirías que tardaste en completar la autoterapia?*

C.: Cuatro años, por lo menos. Porque este trabajo lo hice sola, Rafael, y siendo muy joven. Luego tuve que lidiar con las mutaciones, que alargaron todo el proceso.

R.: *Tus crisis empezaron con lo que podríamos llamar un «pseudoataque al corazón» y, desde ahí, fueron mutando a otras sensaciones.*

C.: Sí. Inicialmente, yo pensaba que tenía el peor de los infartos, un infarto fulminante. Pero me fue yendo a menos cuando aprendí a decirme a mí misma: «No pasa nada, no estás teniendo un infarto, sigue».

Cuando dejé de sentir ese miedo, la ansiedad se buscó otros caminos, como la dificultad respiratoria o los vértigos. Después lo que me pasó es que la ansiedad comenzó a aparecer de noche. Estaba durmiendo tranquilamente y de golpe ansiedad, ansiedad, ansiedad. Y pensaba: «Pero ¿¡ahora, de noche!?». Al final, ¿cómo se fueron los ataques nocturnos? Con lo mismo: «Paso, ya te irás. Me entretengo con otra cosa». Y sí, realmente, haciendo esto, ¡se va!

R.: *Los síntomas mutan, es muy normal. Tu mente te pone a prueba con diferentes sensaciones. Hay que saber que son lo mismo y mantenerse en el trabajo de exposición. Esto es muy importante.*

C.: Estoy de acuerdo.

R.: *Hay dos cosas que hiciste muy bien, Carme: una, encontrar la información adecuada en internet y no perderte con la errónea. La otra, mantenerte todo ese tiempo fiel al sistema. Porque hay que tener en cuenta que tardaste bastante en superarlo del todo y debiste perseverar.*

C.: Sí.

R.: *Hablemos de la aceptación. No sé si estás de acuerdo en que «aceptar» es el punto clave. De los cuatro pasos del método, es el más difícil. Decir: «Bueno, pues estoy tranquila. Acepto todos estos síntomas que me están sucediendo». Claro, mucha gente que ha leído mi libro me ha dicho que la parte de la aceptación es imposible. Pero, en cambio, se consigue. ¿Cómo lo hiciste tú?*

C.: Lo que me funcionó a mí fue pensar que no tenía nada que perder. Me sentía tan mal que ya estaba dispuesta a todo. ¿Por qué no lo iba a probar? Claro, el primer día no se te va y, entonces, tienes que activar el último paso: dejar pasar el tiempo. Esto no es automático, es muy progresivo, muchísimo.

La aceptación es fruto de decirte: «Pues mira, voy a vivir así. Habrá momentos en mi vida en los que el corazón me irá muy rápido y lo toleraré. Sé que no me va a pasar nada. Continúo y ya está». Y realmente funciona. Es lo único que puedo decir: realmente funciona.

R.: *Eso es.*

C.: A veces, sentía que me estaba ahogando. De verdad. Pero, aun con eso, yo me iba a caminar por la montaña. Tienes que aceptarlo y hacer cosas.

R.: *Por supuesto.*

C.: Hay que explicarlo a los cuatro vientos, porque hay mucha gente ahí fuera con este problema. Por eso no quiero quedármelo para mí. Yo misma lo habría pasado mucho mejor si me lo hubiese contado alguien antes.

R.: *Otra cosa que suelo decir es que hay que tener fe en el sistema. Una fe basada en que millones de personas lo han conseguido antes. También en que no tienes otro remedio y, por lo tanto, debes ajustarte a ello. ¿Tú cómo sacaste tanta fe, siendo tan joven como eras?*

C.: Mi fuerza fue que quería vivir. Aquello no era vida. No era vida estar siempre con miedo, limitada, no poder hacer cosas. Cuando era niña, no soñaba con ser una adulta así. «¿Va a ser esto mi vida?». No. «¿Quién puede hacer algo por mí?». Yo misma, no va a venir nadie a sacarme del pozo. Además, estaba leyendo que mucha gente lo iba logrando. Pues, como mínimo, tenía que probarlo, Rafael.

R.: *¡Qué bueno! Carme, ¿a qué te dedicas, por cierto?*

C.: Soy administrativa.

R.: *¿Piensas que es el aprendizaje más difícil que has hecho en tu vida, el más importante?*

C.: Sin duda, el más importante y transformador. Mirándolo así, con perspectiva, sólo te puedo decir que me ha traído cosas buenas.

R.: *¿Qué te ha dado a largo plazo? ¿Qué te ha hecho más fuerte y feliz?*

C.: Con la ansiedad aprendí que si tú te dices: «No pasa nada, tranquila, para adelante», el malestar siempre pasa y se desvanece. Cuando te sucede algo en la vida, si lo miras con esa perspectiva, preguntándote si es tan terrible como parece, todo cambia. Cuando le quitas hierro al asunto y tu diálogo interno te ayuda y te favorece, ¡la vida es maravillosa! Cuando ya no ves las adversidades como un drama, ¡es fantástico!

R.: *Ésas son grandes reflexiones cognitivas.*

C.: Al hacer frente a un problema —aunque tengo poquísimos en la vida—, pienso: «¿Puedo hacer algo?». Si la respuesta es «sí», me ocupo. Si es «no», a otra cosa. Y es que la mayoría de lo que tememos no acaba pasando nunca.

R.: *Tengo una curiosidad, Carme. ¿Tú has leído mis libros?*

C.: ¡No! ¡Perdona!

R.: *No te preocupes. ¡Me encanta que hayas aprendido todo esto por tu cuenta!*

C.: Los voy a leer. Te descubrí en una charla con Paz Padilla y dije: «¡Guau!». Tenemos mucho en común, tú y yo pensamos igual en estos temas.

R.: *Estos principios de funcionamiento de la mente están ahí, ¡son universales!*

C.: Los cuatro pasos que explicas en *Sin miedo* son los que yo llevé a cabo, sin saber que se llamaban así.

R.: *Muy bien.*

C.: El principal mensaje que quiero dar a la gente es que de esto se sale, eso seguro. Porque cuando estás al fondo de este pozo, no te crees nada. Yo les diría: «No tenéis nada que perder. Probadlo».

R.: *Y estarás de acuerdo conmigo en que hay que desplegar una perseverancia y una fe inusuales. Porque, en la vida, los esfuerzos que solemos hacer tienen una recompensa más rápida. Aquí, sin embargo, has de aguantarte y tirar para adelante. Se podría decir que tienes que ir contra tu instinto de supervivencia.*

C.: Totalmente. Es que vas a contracorriente de lo que te pide tu mente. Cuando estás teniendo palpitaciones muy rápidas, lo que menos te apetece es irte a caminar o a una fiesta. Prefieres quedarte en el sofá con la manta, quejándote. Pero esto yo ya lo había probado y no me había funcionado. No me hacía feliz. No era la vida que quería. Por lo tanto, sólo me quedaba esa vía. La de quedarme en casa lamentándome no me la merecía, ni yo ni nadie.

R.: *La medicación la dejaste de tomar muy rápido, ¿verdad?*

C.: Sí. A mí me dieron Trankimazin y no sé qué pastilla más, porque hace muchos años de todo eso. La otra era para debajo de la lengua en caso de emergencia. Me venía la ansiedad sólo de pensar en lo joven que era y con pastillas. No podía admitir que mi vida fuese hacia ahí. No era la persona que yo había soñado, sino una con miedos constantes. Con las pastillas, sentía como si me durmieran el problema, pero no lo arreglaban.

R.: *Entonces decidiste dejarlas y punto. Claro, las habías tomado poco tiempo y no te fue difícil, ¿verdad?*

C.: No, no. Tuve que reducirlas poco a poco, porque son fuertes. Me dijeron: «De golpe no puedes hacerlo». No me acuerdo si las fui dejando a cuartos... Con pastillas tampoco era yo, Rafael. Estaba como atolondrada, no sé. No me sentía viva.

R.: *Mucha gente me relata que los ataques nocturnos son lo peor. Porque encima no te dejan dormir, pasas las noches en vela. Y por la noche como que todo se ve más negro y todavía es más fastidioso, ¿no? Ahí también hay que hacer lo mismo, aceptarlo todo.*

C.: Sí, totalmente. No sé si la palabra sería, incluso, «rendirse». Yo me rendí a los síntomas.

R.: «*Rendirse*» *es un gran concepto.*

C.: Yo me rendí. Pensé: «Esto forma parte de mi vida. Si tiene que ser así, que así sea». Y rindiéndome, gané.

R.: *¡Qué bueno! Y, por la noche, ¿cómo te lo montabas? ¿Qué hacías?*

C.: La suerte que tuve es que fueron los últimos síntomas de toda la cadena y yo para entonces estaba encarrilada. Ya me rendía muy bien. Cuando me venía el ataque, claro, me ponía muy muy nerviosa. Me despertaba de golpe y pensaba: «Uf, si de día me ha funcionado pasar de la ansiedad, ahora toca lo mismo». Al principio podía desvelarme cuatro horas. Después, tres. Luego, dos. Poco a poco, poco a poco... hasta que la ansiedad cede, porque ve que no le prestas atención. Y es que, realmente, para hablar de una forma muy sencilla, mi clave ha sido pasar de la ansiedad.

¿Que venían los síntomas? Bienvenidos. Ya se irían. Yo continuaba haciendo mi vida. Al principio es muy duro, pero la recompensa, Rafael, cuando cada vez van durando menos... es maravillosa. Y cuando pasan ya unos meses y compruebas que no tienes más, es brutal. Dices: «Guau, ha valido la pena».

R.: *Para todos los que nos estén oyendo: por extraño, jodido, insoportable o lo que quieras que sea tu síntoma, ¡te aseguro que lo puedes aceptar! ¡Te puedes rendir! ¡Déjate inundar por todo esto! Y vive. No te creas que ese síntoma es real ni que has de huir de ello. ¡Tienes que aceptarlo!*

Es increíble, pero en esa penetración en lo que te está pasando se producirá una magia que hará que el globo reviente y todo desaparezca. Por imposible que te parezca ahora, es así. Carme lo experimentó.

C.: Totalmente. Y aunque tú creas que tienes una enfermedad, es todo producto de la cabeza. El corazón está perfecto. No tienes un infarto. No te estás ahogando. No te vas a caer. No. Es sólo ansiedad. Cuando entiendes esto y dejas pasar el miedo, comienzas el camino de la recuperación. Es imposible curarte por completo si aún tienes miedo.

R.: *Exacto.*

C.: Yo le diría a la gente que la ansiedad ya la tiene. Estás fatal. Prueba a perder el miedo. Ten claro que no te va a pasar nada. Si necesitas hablar con un médico, ve y que te lo confirme. Porque vale la pena vivir sin ansiedad, ¡es maravilloso!

R.: *Sí. Hay que hablar con especialistas para que nos aseguren que no tenemos ningún problema orgánico. Y, a partir de ahí, a desmontar el miedo.*

C.: Por supuesto.

R.: *Tu testimonio es superbonito y le servirá a mucha gente para ver que, una vez te curas completamente, los síntomas ya no regresan. Un día voy por allí, por Olot, y hacemos una excursión por los volcanes.*

C.: Claro que sí, cuando quieras. Encantada. Muchas gracias, Rafael. Y gracias por ayudar a tanta gente, de verdad. Se agradece mucho, porque te sientes muy sola, muy desamparada, y necesitas a alguien que no te juzgue, que te escuche, te entienda y te diga: «Lo sé, sé que es muy terrible lo que te está pasando».

R.: *Hay salida.*

C.: Tenemos que gritar alto y claro: «Te entiendo, pero que sepas que hay una salida y es fantástica. El objetivo es volver a vivir sin miedo, ¡vivir!».

R.: *Carme, te mando un beso muy grande. Muchísimas gracias por darnos tu testimonio tan generoso después de tantos años.*

C.: Otro, Rafael, para ti. ¡Que vaya muy bien! Gracias. Adiós.

COMENTARIO FINAL

Si os ha gustado el testimonio de Carme, por favor, pasaos por mi canal de YouTube, donde encontraréis los vídeos que hemos grabado durante el último año. Juntos, cada semana, mantenemos una conversación sobre el dominio de la ansiedad.

Es común que las personas que superan estos problemas deseen ayudar a otras después. Su transformación ha sido tan espectacular y se sienten tan felices que desean que más gente se beneficie de la experiencia.

Sé que, durante el último año, Carme ha ayudado a muchas personas que la contactan. Ella, muy generosamente, les transmite su apoyo y confianza en el método. Los vídeos de YouTube también podéis encontrarlos en Instagram, donde suele haber más oportunidad de diálogo.

Carme tardó cuatro años en superar por completo sus ataques de ansiedad. Es el tiempo más largo de todos los testimonios de esta selección. He querido incluir un ejemplo así porque es muy importante que no pongamos plazo a la curación. Carme, que trabajó duro y durante mucho tiempo, hoy está feliz de haberlo hecho.

Los síntomas muchas veces mutan. Y, con cada mutación, la persona se vuelve a asustar. Hemos de pensar que se trata de lo mismo de siempre y que con el método lo haremos desaparecer. En mi experiencia, las personas no suelen tener más de tres o cuatro mutaciones. Deberemos aplicar paciencia, perseverancia y fe.

Existe un fenómeno frecuente que se podría llamar «ansiedad matinal». Consiste en una desagradable sensación de ansiedad aguda justo al despertar. En realidad, es fruto de nuestra mente, que hace un escaneo de la situación y su propia aprensión produce ansiedad.

No hay que dejarse desanimar por la «ansiedad matutina». No significa que el día vaya a ser una basura. Lo mejor para combatirla es levantarse de inmediato y ponerse en marcha. Ducharse, desayunar y salir a la calle. O vestirse y salir. Muchas personas refieren que un paseo es todo lo que necesitan para eliminar esa sensación.

7

Laura, de bloqueada en casa de sus padres a ejecutiva en Los Ángeles

«Ya no me vengo abajo con nada»

> Algunas palabras budistas, como compasión y vacuidad, no significan gran cosa hasta que empezamos a cultivar nuestra capacidad de estar ahí en compañía del dolor, con el corazón abierto y la voluntad de no tratar de ponernos inmediatamente un suelo bajo los pies.
>
> PEMA CHÖDRÖN

Laura es una joven alegre de treinta y tres años que vive en Estados Unidos, desde donde hizo terapia con Elena, una gran psicóloga de nuestro equipo. Se curó de dos temas diferentes: unos severos ataques de ansiedad que le impedían salir de casa y el estrés postraumático que le generó una grave enfermedad de su madre. El estrés hacía que fuera hipocondríaca y se preocupara constantemente por la salud de sus padres, la de su marido y la suya.

Ambas problemáticas desaparecieron tras un excelente trabajo de exposición. En la actualidad, Laura se siente libre de ansiedad por primera vez desde que tenía dieciocho años.

Para ella fue clave dominar el tercer paso de nuestro método, «flotar». Esto es, estar cómodo dentro de la incomodidad. Buscar el ojo del huracán. Ese lugar donde uno está tranquilo, distraído, aunque esté sufriendo un ataque de pánico.

La habilidad de «flotar» es algo que no se puede comprender por completo hasta que se experimenta. Hay que probar y probar hasta que ocurre. Es un estado mental en el que se está bien estando mal.

Laura es en la actualidad una ejecutiva de primer nivel en Los Ángeles y disfruta tanto de su trabajo como de la vida. Siente que su aprendizaje le ha dotado de una mayor felicidad.

Su consejo para quienes tengan ansiedad en estos momentos es: «Confía, aunque al inicio no veas resultados. Dentro de ti está la respuesta».

RAFAEL: *¿Qué tenías tú? Cuéntanos un poco qué te pasaba.*

LAURA: Cuando llamé al centro, tenía unos ataques de pánico tremendos que me afectaban tanto que no podía salir de casa. No entendía qué me pasaba, pero ahí estaba, totalmente impedida.

R.: *¿Y cómo eran esos ataques? Porque ya sabes que a veces unos los viven de una manera y otros de otra. En tu caso, ¿cómo eran?*

L.: Mucha taquicardia. No podía respirar y me mareaba. Además, tenía un montón de pensamientos intrusivos. Realmente creía que me iba a morir. Era muy fuerte.

R.: *Pues fíjate, son un poco lo clásico, lo que le sucede a la mayoría de la gente. Aunque eso no quita que fuesen horrorosos. ¿Cuántos ataques podías tener al día o a la semana?*

L.: ¿Al día? Dos o tres, no sé. Cualquier cosa que hacía que implicara estar fuera de mi refugio, que era mi casa, me provocaba un ataque de pánico. ¡Es que no podía salir! Durante la pandemia, viví con mis padres en medio del campo y me gustaba andar por los caminos, dar largos paseos con mi padre. Pero un día, cuando empezó esta maldición, me tuve que volver, porque no podía, ¡no podía! Se me nubló la vista, comencé a ver todo negro, tenía mucho hormigueo, falta de aire... Y me asusté mucho, claro, porque no entendía qué me estaba pasando.

R.: *¿Y cuánto tiempo estuviste así, con este problema? ¿Cuántos meses?*

L.: Es que yo llevo con ansiedad desde que tengo dieciocho años y ahora he cumplido treinta y tres. A esa edad viví un episodio muy impactante con mi madre —por una enfermedad que casi la mata— y eso me causó un trauma que me afectó mucho. Pero los ataques de pánico empezaron en el verano de 2020 y duraron un año y medio.

R.: *Tuviste una ansiedad postraumática durante quince años, hablaremos después de ella. Y, durante un año y medio, antes de la terapia, ataques de pánico.*

L.: Sí. En el año de la pandemia, me casé. Y justo después cerraron el mundo. Pasamos un año entero sin vernos, recién casados. Con todas las noticias terribles durante el confinamiento, me puse muy hipocondríaca: mucho miedo y muchos pensamientos intrusivos, sobre todo relacionados con mis padres. Me aterraba que se muriesen. Empecé a notar tal presión en el pecho que sentía que, si me movía de más, me iba a estallar el corazón. Fui al cardiólogo y me dio un ataque de pánico allí mismo. Éste me dijo: «Tu corazón está perfecto. Yo no te puedo ayudar». Una noche me desperté a las cinco de la mañana con una taquicardia bestial. Pom, pom, pom, pom. Sudando, sudando, sudando. Intenté manejar la situación, pero el corazón no paraba, me asusté muchísimo y tuve un ataque de pánico. Creía que me estaba muriendo.

Me tomé un Trankimazin, pero no me hizo efecto. Fue la peor noche de mi vida, hasta que a las siete de la mañana escribí a una amiga, que es médica, y ya me explicó lo que me pasaba. Desde entonces, tuve muchos episodios de ese tipo, un horror.

R.: *Luego me descubriste a mí.*

L.: Mi madre lo hizo.

R.: *Y, entonces, te pusiste a hacer terapia con Elena Pérez.*

L.: Sí, sí.

R.: *Oye, ya sabes que me gusta preguntar cómo estáis ahora. ¿De cero a diez?*

L.: ¡Ah! Casi un diez. Ahora estoy perfecta, mejor que antes de la ansiedad.

R.: *¡Qué bueno! ¿Y en qué ha consistido tu terapia?*

L.: Exposición, mucha exposición.

R.: *Dime cosas que hayas hecho.*

L.: Como vivo en Estados Unidos, contactaba cada semana con Elena a las nueve de la mañana y fuimos haciendo exposiciones. La primera, salir a cenar. Me daban ataques de pánico sólo con sentarme en un restaurante. Pero tenía que hacerlo todas las noches. Cerca de casa hay un parque y yo me acercaba todos los días, sabiendo que me iba a poner fatal, pero insistía.

R.: *¡Muy bien!*

L.: Y, en medio de las exposiciones, la psiquiatra me quitó los tranquilizantes. Me entró un síndrome de abstinencia de aúpa. Me despertaba en medio de la noche y ya no podía dormir. Y eso duró diez días. Fue cortito, pero me dieron unos ataques de ansiedad bestiales. Me quedaba empapada en sudor. Pero increíblemente empecé a mejorar, porque cuando me despertaba con esas molestias era capaz de decirme: «¡Ah! Es ansiedad, no pasa nada». Ahí vi que estaba mejorando y me motivé.

R.: *¡Qué bueno! ¿Cuánto tiempo tardaste en completar el proceso hasta donde estás ahora?*

L.: Tardé nada. Empecé en marzo y creo que para mayo o junio ya no tenía nada. Me tomó abril, mayo y junio, tres meses. Lo que pasa es que eso fue la superación de los ataques de ansiedad. Justo después empezamos a hacer la exposición al recuerdo, al estrés postraumático que tenía de joven, y esto nos llevó más tiempo, de junio a noviembre. Cinco meses.

R.: *Pero imagino que a partir de junio ya estabas infinitamente mejor.*

L.: ¡Mucho mejor! Ya no tomaba pastillas de ningún tipo y me fui a España a ver a mi familia yo sola, en avión. Me sentía genial.

R.: *¿Cómo te afectaba en tu día a día el recuerdo del trauma?*

L.: Tenía muchos pensamientos intrusivos sobre lo que pudiese pasarnos a mi madre, a mi padre, a mi marido y a mí misma. Pero en todo momento, ¿eh? Si a alguno le dolía la cabeza, yo ya creía que tenía un tumor.

R.: *Hipocondría.*

L.: Sí, exacto.

R.: *Entonces, ¿tratasteis la hipocondría después?*

L.: Más que la hipocondría como tal, tratamos la exposición al recuerdo y con eso lo demás se fue.

R.: *Qué bien. ¿Ha sido duro este proceso de afrontamiento?*

L.: Sí, pero mereció la pena. Te hace mucho más fuerte. Yo estoy encantada y me siento muy agradecida de haber trabajado, porque ahora me considero mi propio Trankimazin. Cuando empecé a perderle el miedo a la ansiedad, me di cuenta de que soy todo lo que necesito para superar estos problemas.

R.: *Dejar la medicación debió de ser difícil.*

L.: Sí, pero a la vez maravilloso. Cuando dejé de tomar las pastillas, durante un tiempo todavía las llevaba en el bolso. Me daban seguridad. Y Elena me dijo un día: «Ahora tienes que dejarlas en casa». Hoy en día, no sé ni dónde están.

R.: *Genial.*

L.: Se trata de volver a condicionar el cuerpo y la mente para que entiendan que no estás en peligro.

R.: *Exactamente. Por cierto, Laura, antes me comentabas que de joven tenías ansiedad, aunque no tan fuerte. Muchas veces sucede que al superar los ataques de ansiedad también desaparecen los nervios flotantes.*

L.: Así fue en mi caso. Ya no tengo ansiedad como tal. Igual puedo tener estrés por alguna situación, pero entra dentro de lo normal y, además, puedo controlarlo muy bien.

R.: *Me encanta tu testimonio, porque has hecho un trabajo superrápido, y más habiendo tomado pastillas. Muchas veces es más difícil cuando se han tomado tranquilizantes, porque hay que deshacerse de esa defensa, de esa evitación que tu mente guarda en la memoria. ¿Qué le dirías a la gente que en estos momentos tiene un problema con la ansiedad?*

L.: Que confíen. Porque, al principio, es un proceso muy difícil. Por mucho que te digan que funciona, tú piensas: «No me fastidies, porque lo estoy pasando fatal». El caso es que la curación lleva un poco de tiempo. Así que mi consejo principal es que confíen y confíen. Que confíen en ellos, que lo tienen dentro, que aunque no lo puedan ver ahora mismo ahí está. Que confíen en el método y en «flotar».

R.: *Fíjate, ahora estás viviendo en Los Ángeles, una ciudad enorme, en un país extranjero, con un trabajo nuevo y exigente. El cambio es brutal, ¿no?*

L.: Sí, sí. Mi vida actual es totalmente diferente a la de antes. Me costó mucho encontrar trabajo y al principio era difícil, pero bueno, con persistencia y disciplina todo se logra. Es que esto me ha hecho más fuerte. Ya no me vengo abajo con nada.

R.: *Este aprendizaje te ha enseñado a afrontar la vida en general.*

L.: Sí. A no tener tanto miedo. Yo tenía muchos miedos.

R.: *Un día me pasaste una foto muy divertida: una foca asomando la cabecita por el agua. Esto es una metáfora de «flotar», que es uno de los conceptos más importantes del método. Cuéntanos qué significaba para ti «flotar».*

L.: Al principio del proceso, me resultaba difícil entender lo que era. Empecé con la imagen del ojo del huracán, eso de estar en el centro tranquila mientras a mi alrededor todo vuela. Entonces, un día estaba mirando Instagram y me apareció esa foto y dije: «Esto es, ¡lo encontré!». Para mí fue la respuesta. A partir de entonces, cada vez que tenía un ataque de ansiedad sabía que tenía que flotar y me imaginaba a la foquita. Pensaba: «Vale, soy la foca flotando con todo lo que me está pasando alrededor, pero aquí estoy. Sólo tengo que dejar pasar el tiempo».

R.: *Exactamente. Se trata de estar ahí y no armar más jaleo del que es necesario, ponerse cómodo en esa situación por salvaje que sea. Como mínimo, intentarlo, que ya es «flotar». Podríamos definirlo como hacer lo posible por estar cómodo.*

L.: Eso es, sin juicio. Aunque a la primera no salga. Siempre acaba funcionando de una manera o de otra. Pero se trata de seguir explorando. Es un proceso de buscar y encontrar qué te va mejor a ti, qué necesitas tú para eso. Es una investigación continua.

R.: *Además, es algo experiencial. Por mucho que ahora nosotros intentemos explicarlo con palabras, lo tienes que probar tú.*

L.: Claro. Y encontrar tu forma.

R.: *De hecho, intentarlo es un avance, porque estás ocupado en estar cómodo y no en la ansiedad o en tu diálogo interno. Lo cual ya es bastante.*

L.: Eso es, exacto. A mí me preocupaba mucho perder el control de la cabeza, llegar a creer que realmente me estaba muriendo. El momento de «flotar» era también dejar la mente flotar, no tenerla analizando absolutamente todo lo que estás haciendo.

R.: *Me encanta este concepto de dejar la mente flotar, porque en esas situaciones agolpa pensamientos, busca soluciones, huidas... Lo que hay que hacer es decir: «Bueno, que pasen estos pensamientos». Y situarse en un centro en el que no se les haga caso. Ahí existe un espacio donde uno puede habitar, ¿verdad?*

L.: Sí, eso es. Se trata de encontrar tu lugar mientras todo está pasando.

R.: *Has hecho un gran trabajo, Laura. Muchas gracias.*

L.: A ti.

COMENTARIO FINAL

Recomiendo a todo el mundo que visite mi canal de YouTube para ponerles cara a estos testimonios. Verán, por ejemplo, a Laura, una chica maravillosa, llena de vida. Es muy tierno verla explicar su proceso. Una mujer tan cosmopolita, con tantas habilidades y capacidades, que confiesa tranquila ese periodo de debilidad y nos explica cómo domesticó su propia mente. No tiene precio.

El estrés postraumático es un trastorno que se produce tras sufrir una experiencia demasiado fuerte como para procesarla adecuadamente. Para defenderse, la persona reprime ese recuerdo, pero poco después resurge en forma de fantasma y la persigue sin cesar.

Se me viene a la cabeza un caso que yo mismo traté y que ejemplifica muy bien el estrés postraumático. Pablo, un joven estudiante, salía de la universidad en horario nocturno y se disponía a entrar en el metro para regresar a casa. Dos asaltantes lo esperaban para atracarlo. Dio la casualidad de que Pablo, en apariencia un chico débil, había practicado artes marciales durante toda su vida. Empezó a repartir leña como si no hubiese un mañana. Los dejó en el suelo inconscientes, sangrando y con la cara como un mapa.

Pero en el vagón, de vuelta a casa, lo asustó su propia

reacción descontrolada. ¡Por primera vez en su vida había mostrado un signo de agresividad! Él, que había sido siempre un joven tímido e incapaz de matar a una mosca. A partir de ese día, no pudo volver a la facultad y tuvo que abandonar los estudios. No podía acercarse al escenario de su trauma. Tenía flashbacks de la pelea y le causaban una gran ansiedad.

El tratamiento de Pablo consistió en revisar el recuerdo del trauma una y otra vez, con todo detalle, tanto en consulta como en su casa. El primer día se pasó toda la sesión llorando. El segundo, tenía ansiedad, pero era capaz de dialogar sobre el tema. En la décima sesión, ya estaba bien.

Cuando reprimimos un recuerdo, creamos un trauma. La solución es sacarlo de nuevo a la superficie y hablar de ello desde una visión constructiva, con una nueva narrativa sanadora.

Laura también curó su mente y aprendió valiosas lecciones para toda la vida. ¿Quién le iba a decir que hoy sería una brillante ejecutiva en Los Ángeles, cuando poco antes no podía ni salir al campo con su padre? ¿Qué le deparará ahora su hermoso futuro? Seguro que muchas aventuras maravillosas, porque Laura ya no se viene abajo con nada.

8

Vanessa, siete años de caos mental superados en cuatro meses

Sus ataques parecían de la niña de El exorcista

> Hacernos amigos de nuestros demonios y de las inseguridades que les acompañan nos lleva a una relajación y alegría muy simples y nunca suficientemente valoradas.
>
> PEMA CHÖDRÖN

La ansiedad puede adoptar disfraces muy diversos. Incluso pseudoataques de epilepsia y, como nos cuenta Vanessa, desmayos. No hay que dejarse asustar por ello. Una vez descartamos con el médico cualquier enfermedad orgánica, tenemos que ponernos a «afrontar» y «aceptar» sin interrupción. Con fe ciega.

En mi libro *Sin miedo,* que recomiendo leer antes de aplicar el método de los cuatro pasos, explico la metáfora del niño maleducado. Comparo la ansiedad desbocada con un niño que tiene pataletas. Los padres han de enseñarle que esa comunicación —el chantaje del berrinche— no es aceptable. Cada vez que el pequeño la líe, ellos deberán permanecer ajenos a su histerismo. Si están comprando en el supermercado, que sigan a lo suyo, como si los gritos del niño no les afectasen en absoluto. Es pesado, por supuesto. Pero, si perseveran, en pocas semanas habrá aprendido para siempre que las pataletas son inútiles y se olvidará de ellas.

Atajar los ataques de ansiedad o el TOC es como educar a un niño que tiene rabietas. Poco a poco, la mente va comprobando que ese jaleo no significa nada, no sirve para nada, no tiene consecuencias. Y se extingue.

La única diferencia es que, en el caso de la ansiedad, hemos de provocar activamente las situaciones temidas. Tenemos que programarnos la vivencia de la ansiedad a diario. Es esencial no descansar ningún día. El entreno diario es el indicado para que se produzca la neuroplasticidad, para que el cerebro cambie de forma permanente.

Algunos padres primerizos ven muy dura la tarea de educar a un niño así y piensan que será imposible soportar el pollo estoicamente en el supermercado o en el restaurante. Pero han de ser conscientes de que es mucho peor aguantar toda la vida a una persona maleducada. Es más sabio atarse los machos y corregir al niño cuanto antes. ¿Qué son unas semanas de esfuerzo a cambio de un montón de años de convivencia amable, cariñosa y gratificante?

Lo mismo sucede con los ataques de ansiedad o el TOC. Se requieren grandes dosis de disciplina, pero el resultado está garantizado. Nuestra mente se convertirá en un acompañante amoroso y sosegado, agradecido y encantado de cooperar.

RAFAEL: *Tú me descubriste directamente por los libros y has hecho todo este trabajo sola, ¿verdad?*

VANESSA: Sí. Lo primero, me encantaría darte las gracias por tu libro *Nada es tan terrible*. Mientras lo leía, sentía que lo habías escrito para mí, para ayudarme personalmente a mí.

R.: *No hay de qué.*

V.: Me pasé una semana llorando y, ahora, tal como te lo estoy diciendo, me entran de nuevo ganas de llorar. Me emociono. Es que toda la gente que está pasando por algo similar a lo mío necesita que le llegue este libro, leerlo y que la cabeza le haga ¡pum!, igual que a mí.

R.: *¿Cómo estabas tú?*

V.: Mi vida se había limitado muchísimo y llegué a un punto en que acepté tener ansiedad para siempre. Aunque debo decirte que lo llevaba con alegría. Nunca me he hundido, gracias a Dios y a mi personalidad. Siempre me río de mí misma y de mis adversidades. Pero menuda papeleta.

R.: *Cuéntame.*

V.: Yo te conocí por Laura, una psicóloga de Huelva, que me recomendó leer «todo lo de Santandreu».

R.: *¿En serio?*

V.: Una chica joven, sí.

R.: *La tengo que conocer.*

V.: Es muy tú. Maneja tu estilo. Tras unas pocas sesiones, le pedí arrancar sola y ella me respondió: «Vale, hazlo sola, pero olvídate de los ansiolíticos». Ése fue su mensaje, para mí un empujoncito maravilloso.

R.: *Le mandamos un abrazo enorme a Laura desde aquí. ¿Qué tenías, Vanessa?*

V.: Vamos a ponerlo en orden. En diciembre de 2014, llegué a casa después de un viaje en coche con muchas curvas y tuve una crisis de vértigo brutal. Algo que no había vivido jamás, el vértigo más bestia que te puedas imaginar. Al echarme hacia atrás en un sillón reclinable, sentí que se me cerraban los oídos y me entró un malestar con vómitos que me duró horas. Mis niños llamaron a la ambulancia y me chutaron Dogmatil, alprazolam y no sé qué más.

R.: *Vaya.*

V.: Ese vértigo fuertísimo me duró cuatro meses seguidos. Como pensaba que tenía algo orgánico, fui a muchos médicos: otorrinos, cardiólogos... Descartaron que tuviera tumores cerebrales, cáncer, qué sé yo. ¡Es que les pedía que me encontrasen un cáncer! Fíjate, me dijeron que iba a perder el oído, porque tenía el síndrome de Ménière, y yo pensaba: «A ver cuándo me quedo sorda y dejo de sentirme tan mal». Te lo juro, Rafael, era tremendo.

R.: *Te entiendo, la gente prefiere el peor mal físico antes que esa pesadilla desconcertante.*

V.: Durante los cuatro meses, las crisis crecieron. En una me desmayé. Y, desmayada en la cama, tuve un ataque de ansiedad, me oriné encima y me desperté vomitando. ¡Horrible! Yo me decía: «Dios, si esto me pasa dormida, ¿qué no me puede pasar yendo por la calle?».

R.: *No había oído nunca lo de un ataque mientras se está desmayado. Tiene narices, ¿eh? Pero, claro, es todo mental, la cabeza puede hacer lo que le dé la gana.*

V.: Los desmayos se instalaron en mí y cuando me despertaba sentía un vértigo bestial y vomitaba. Perder el conocimiento ha sido mi cruz durante casi ocho años. Y no parecía la Bella Durmiente, no, yo era más bien la niña de *El exorcista,* acababa hasta con el pelo sucio de vómito.

R.: *Eran espectaculares, ¿no?*

V.: Y, durante aquellos cuatro meses, murió mi padre y ya me derrumbé totalmente. Ni siquiera pude ir al entierro. Estaba hecha un trapo. Dejé de comer y de dormir, y me pusieron hasta arriba de ansiolíticos y antidepresivos. Así durante siete u ocho años.

R.: *Vaya.*

V.: Es cierto que con la medicación ya no tenía tanto vértigo. Cogí la baja en el trabajo y estuve más tranquila. Iba tirando. Pero tomaba demasiados ansiolíticos y me enganché. Un otorrino me comentó: «El mejor antivertiginoso que hay es el alprazolam». Pues nada, a chutarse alprazolam. Durante esos años, intentaba compulsivamente no estresarme: hacía yoga, meditación... Me faltaba salir volando. Pero, aun así, me daban ataques de ansiedad en cualquier lugar: en un bar, haciéndome una resonancia...

R.: *Entonces, estuviste unos siete años inmersa en toda esa vorágine y, en un momento dado, descubriste mis libros y te pusiste a trabajar.*

V.: Sí, después de leer los cuatro maravillosos pasos, me dije: «Vane, ¡a darle duro!». ¿Y cómo empecé? Por lo más bestia. Como los peores ataques me habían dado en el médico, haciéndome pruebas, decidí: «Mañana voy directa al hospital». Mi marido me decía que ni se me ocurriera, porque sabía que le había cogido pánico a los hospitales.

R.: *Guau.*

V.: Siempre recordaré esa primera exposición. Llegué al Juan Ramón Jiménez de Huelva y entré por consultas externas. Desde ahí te puedes colar al pasillo de las habitaciones si eres discreta. Yo pensé: «En cuanto veas un paciente atado con tubos y cables, te vas a desmayar». A mi ansiedad la había bautizado como Ansi. Fui a la UCI, observé a las personas, seguí las camillas... pero Ansi no venía. Así que decidí subir la escalera rápido para acelerar el corazón. Y, para rematar, me metí en una pequeña sala de espera bastante claustrofóbica. Al sentarme ahí, rodeada de pacientes, por fin me vino el malestar. Sobre todo, la sensación de desmayo inminente. Mi cabeza me gritaba: «¡Vane, sal de aquí, por Dios, que te vas a morir!». Y yo, no sé cómo, tuve la capacidad de decirme: «Me voy a quedar. Mátame, Ansi, si es lo que quieres, pero aquí me quedo».

R.: *Qué valiente fuiste.*

V.: No podía ni mirar a la gente de la vergüenza. Mi mente me avisaba: «¡Te vas a desmayar, vas a vomitar!». Pero, de nuevo, mi voz sabia se impuso: «Pues venga, me desmayo, vomito y punto. Total, ya he pasado por esto». Pero ¿sabes? No pasó. Eso sí, el corazón se me puso a mil.

R.: *Claro. La exposición era ésa, estar ahí con lo que viniese.*

V.: Sí. Tenía que quedarme quieta y ya. Al cabo de un tiempo, el corazón se tranquilizó y hasta pude fijarme en la gente que había a mi alrededor. Salí de allí con la convicción de que todo lo que tenía era un temor irracional a unas sensaciones inofensivas. Y, acto seguido, quise seguir exponiéndome. Me fui a una sala con más gente y con más calor. Encontré una muy agobiante: la de infecciosos. Me senté y cronometré diez minutos. Efectivamente, el ataque vino, pero mucho más suave. Tras ese tiempo, salí al pasillo y respiré hondo. «¡Qué bien me encuentro!», pensé. Ese día hice un clic superimportante.

R.: *¡Qué valiente fuiste! ¡Y qué experiencia más guay! Entonces, ya te pusiste a hacer exposiciones todos los días, ¿no?*

V.: Claro. La siguiente: coger el coche. Hasta Cádiz que me fui. Luego, toda decidida, me monté en un tren. Y allí sí tuve un gran desmayo. Fue brutal. Hasta vomité. Pero aquel día decidí que tenía que encerrarme en sitios con mucha gente, porque eso era lo que más me agobiaba, así que, al poco, ya estaba repitiendo el trayecto Huelva-Sevilla. Me dije: «Lo peor que puede pasar es que vuelvas a montar un espectáculo», pero no pasó. Cuando me apeé del tren, imagínate qué subidón.

R.: *¡Qué campeona!*

V.: Por cierto, también me recorrí todos los bares y restaurantes de Sevilla. Tuve diarrea y todo. Por dentro estaba fatal, pero yo seguía mi recorrido muy digna.

R.: *¡Maravilloso!*

V.: Fuimos a Toledo y había muchísima gente. Mi marido me soltaba cada dos por tres: «Pero ¿por qué nos metemos por aquí?». Y yo: «Sí, sí, por aquí, por aquí». En Sevilla, por ejemplo, llovía y nosotros aplastándonos con los paraguas. Daba igual, quise estar en medio de todo el mogollón, a ver si me angustiaba. Pero no. ¡Me encantaba! En realidad, a mí siempre me ha gustado el bullicio.

R.: *Oye, ¿ahora qué nota te pondrías?*

V.: Si el cien por cien de curación es haber perdido el miedo, estoy al cien por cien. La sintomatología física me sigue acompañando un poco, porque la mente, que es caprichosa, me trae recuerdos. Por ejemplo, fui a Madrid hace poco con una amiga. Lo organicé yo todo. Nos montamos en el avión y allí no me pasó nada, pero luego quise ir a un concierto de Tina Turner. Era algo que tampoco había hecho en muchos años y ahí me dio el ataque, pero no muy fuerte. Eso sí, pensé: «¡Tú no te vas! ¡Sigue viendo a la Tina Turner!». Me quedé y desapareció. Por cierto, el concierto fue la caña.

R.: *Por sintomatología, ¿qué nota te pondrías de cero a diez?*

V.: Un ocho, porque tengo algunas sensaciones. Cuando me pongo nerviosa, el corazón se me acelera un poquillo. Queda como el recuerdo, pero es que hace muy poco desde que estoy tan bien. Hay que dejar pasar más tiempo.

R.: *Claro. Es algo muy parecido a cuando dejas de fumar. Durante el primer y segundo año, queda un rastro. De vez en cuando sientes ganas de encenderte un cigarrillo. Pero te niegas y se te pasa en un segundo. Llega un momento, a partir de los dos o tres años, que lo empiezas a olvidar. Y, al final, te parece sumamente increíble haber fumado alguna vez.*

V.: No me preocupa, son sensaciones muy pasajeras.

R.: *Nos has contado que, durante la época de las exposiciones, estabas tan estresada que no comías, adelgazaste bastante y dormías fatal. Ahora, ¿dirías que ha valido la pena?*

V.: ¡Sííí!

R.: *Y nadie se muere de eso, ¿verdad? Adelgazas y punto.*

V.: Hay que aceptar estar hecha una mierda total, porque es necesario bajar a la cloaca y pasearse por allí. Llénate de mierda —perdona que hable así—. Ensúciate, que luego vas a salir limpio. Estarás brillante. El resultado será brutal.

R.: *Eso es.*

V.: Muchas noches no dormía nada. Pero ¡ni un minuto! Como decías en *Sin miedo,* si la ansiedad te ataca de noche y no pegas ojo, puedes levantarte y ponerte a limpiar. Yo podría haber tenido la casa impecable, pero no. En mis noches de insomnio, me quedaba a gusto en la cama, sólo que despierta. Me decía: «Si no puedes dormir, medita, respira». Al final, le perdí totalmente el miedo a no dormir.

R.: *Eso es esencial.*

V.: Hubo un día que se me juntaron varias cosas: COVID, dolor en el pecho, ahogo y ansiedad. Y ahí estaba, intentando dormir en la cama con mi marido al lado. Esa noche hice la meditación más bonita de mi vida. Creo que supuso un avance enorme. Hubo un momento, Rafael, en que la mente grande tomó las riendas y sentí que se me evaporaban los pies y las manos. Fue precioso. No me dormí, pero llegué a estar superrelajada.

R.: *Hoy en día, ¿qué piensas sobre el hecho de desmayarte?*

V.: Después de lo vivido, no tengo miedo a caerme redonda, aunque pienso que aquello ya pasó.

R.: *Pero, si te desmayases, ¿qué?*

V.: Pues no pasaría nada. Ya tengo mucho arte desmayándome. Procuraría caerme con elegancia, y ¡listos!

R.: *Eso es. ¡Ya te levantarás!*

V.: Exacto.

R.: *¿Y cuánto te tomó hacer este trabajo de superación?*

V.: Los dos primeros meses estaba muy débil, comía poco y dormía mal. Hacía exposiciones diarias que me dejaban para el arrastre, pero la satisfacción de superarlas hacía que me resurgieran las fuerzas. Me di cuenta de que el cuerpo tiene una resistencia brutal y de que mi mente era cada vez más fuerte. Así que a los cuatro meses ya había superado con creces todas las exposiciones que me había propuesto. En ese tiempo, hice la parte principal del cambio. Pero soy consciente de que necesito más tiempo para ir consolidando todo e incluso llegar más lejos.

R.: *Has hecho un trabajo espectacular, superbonito. Te voy a nombrar honoris causa en Psicología, porque ya sabes un montón. Te felicito. Este testimonio ayudará a mucha gente.*

V.: Eso espero. Con que le sirva a una sola persona, ya me puedo morir tranquila.

R.: *Para terminar, ¿qué consejo le darías a quienes estén en el pozo de la ansiedad?*

V.: Tengo clarísimo que se tienen que comprar tu libro. Eso para empezar. O directamente los dos: *Nada es tan terrible* y *Sin miedo.* Luego, que los lean muy muy bien y que miren todos los materiales audiovisuales que tienes. Porque si se ven reflejados en uno de los testimonios, se sentirán comprendidos y acompañados. ¡Yo me comí y me bebí todos los vídeos! Después, te sientas contigo misma y dices: «¿Dónde me ha pasado, cómo me ha pasado y qué estaba haciendo?». «Vale, pues aquí, así y esto». Todo lo que hasta ahora eludías es lo que tienes que hacer. Se acabó la evitación.

R.: *Y, como tú, lo pueden hacer solos.*

V.: Claro. En una ocasión, vi un comentario debajo de uno de tus vídeos. Era una mujer que decía: «Lástima que yo no me pueda permitir un psicólogo...». Se la veía muy hundida y la entiendo. Pero pensé: «No, no, no, no, no, léete los libros de Santandreu y ponte a ello tú misma». La de libros tuyos que he regalado, si es que son lectura obligatoria para todo el mundo. A cualquiera se le puede fragilizar el sistema nervioso y, entonces, no sabrá por dónde salir. Tanto tu terapia cognitiva como la conductual son fundamentales. Y ya después que lean todo lo demás. Yo, por ejemplo, he hecho la terapia sola.

R.: *¿Hay algo que te gustaría añadir para quien tenga por delante el trabajo de desensibilización que hemos descrito?*

V.: Es tremendamente importante permanecer en la agitación, pillarle el truco a relajarse en medio del caos, como dice Pema Chödrön. Ahí, en esos minutos, está la clave. En dejar que todo se derrumbe. Yo, hace unos días, tuve una recaída. Me pilló desprevenida. Hacía tiempo que no aparecía esa sensación tan poderosa y quise que se largara. Me moví. Se repitió el cuadro de síntomas. ¡Todo otra vez! Pero me sirvió mucho para reflexionar. Me dije: «Debes seguir aceptando, Vane. Ten absoluta aceptación para el resto de tu vida. Flota y deja que pase el tiempo». Y se esfumó.

R.: *Me ha encantado tu testimonio, Vanessa. Muchas gracias. Te envío un beso muy grande.*

V.: Otro para ti, porque eres ya mi amigo para toda la vida.

R.: *¡Muchas gracias!*

COMENTARIO FINAL

En el momento de redactar estas páginas, contacté con todos los testimonios para pedirles permiso e incluirlos en el nuevo libro. Y Vanessa, tan generosa como siempre, me envió, además, un mensaje final para ti:

En primer lugar, quiero decirte que entiendo perfecta- mente por lo que estás pasando. Sé que el miedo te paraliza, que las sensaciones físicas se apoderan de ti, que el corazón te late desbocado, que tienes unos mareos que ni se pueden describir y el estómago destrozado, que tu mente grita asus- tada... Hay un abismo que se abre ante ti y tienes un tremen- do deseo de salir corriendo.

Pero aquí y ahora te puedo asegurar, desde lo más pro- fundo de mi corazón, que seguir los cuatro pasos que descri- be Rafael es la ÚNICA SALIDA a esa trampa en la que has caído. Así que te pido que confíes en esta terapia y no dejes pasar un solo día más sin ponerla en práctica.

AFRONTA, ve hacia tus mayores miedos, no evites nin- guna situación más.

ACEPTA, afloja tu cuerpo, ponte cómodo con todos los síntomas, relájate en medio de esas sensaciones. Ya has esta- do aquí muchas más veces y nunca, nunca ha ocurrido nada terrible. Ésta es la clave: ríndete.

FLOTA, no tengas prisa, sólo cuando tu cuerpo te lo permita muévete muy lentamente y observa el entorno, esbo- za una sonrisa, toma conciencia de tu respiración.

Y DEJA PASAR EL TIEMPO, ya verás que es sencillo. Con él recuperarás fuerzas y descubrirás todo lo que puedes hacer tras la exposición, aunque tu cuerpo quede muy bajo de energía.

Sé que te parece una locura, que buscar y dejarte sentir estas situaciones, una y otra vez, es justo lo que nunca harías, pero en esa contradicción está tu curación. Yo soy prueba de ello. Te envío todo el ánimo del mundo. TÚ PUEDES.

9

Sebas, el estudiante máster en gestión emocional

Cuatro meses para volver a ser él mismo

> El sufrimiento empieza a disolverse cuando cuestionamos la creencia o la esperanza de que hay algún lugar donde ocultarse.
>
> PEMA CHÖDRÖN

Sebas es un chico amable, agradecido, buenísima persona y muy trabajador. Para reeducar su mente, entre otras cosas, vio todos los testimonios que tenemos colgados en YouTube. Y hay más de cien. Ahora, que está perfectamente, ha querido contribuir a esta cadena de autoayuda y ofrecer su propio testimonio a quien lo pueda necesitar. Ha aprendido tanto de esta disciplina nuestra que casi se podría decir que tiene un máster en psicoterapia.

Recopilar testimonios es una de las maravillas de mi trabajo actual. Ya somos más de ciento veinte personas unidas por nuestra voluntad de ayudarnos mutuamente. Y seguiremos hasta ser quinientas. ¡O mil! Es que colaborar de forma tan estrecha, tan íntima, como hacemos aquí, es la actividad más preciosa que podemos llevar a cabo los seres humanos.

A todos nos cuesta confesar nuestra vulnerabilidad, y más delante del resto. A nadie le gusta desnudarse en internet de esta forma. Pero ellos y ellas lo han hecho, porque su deseo de ayudar a los demás es más grande que esa aprensión natural.

En nuestra charla, Sebas subraya un tema existencial: la aceptación de la muerte. Fue una de las comprensiones más importantes que alcanzó durante su trabajo. Entendió en profundidad que la muerte es algo natural y que podemos plantarnos delante de ella con sosiego, incluso con alegría. La muerte es un hecho tan bello —y misterioso— como un nacimiento.

Los seres humanos modernos rechazamos la muerte, pero no siempre ha sido así. Han existido culturas, y todavía las hay, en las que la muerte se entendía como un maravilloso traspaso hacia un lugar mejor. Yo creo en ello y por eso no le tengo ningún miedo, tampoco a la enfermedad. Y todos podemos aprender a verlo de esa forma. En mi libro *El arte de no amargarse la vida* hablo mucho sobre este tema. Si dedicamos un tiempo diario a pensar en la muerte como nuestra amiga, como nuestro trampolín a algo mejor, el temor a morir se desvanece.

Las personas no tenemos por qué entender lo que sucede en el universo. Es de proporciones inconmensurables. Es de una complejidad inaprensible. Nuestra inteligencia no podrá nunca llegar a entender mínimamente la magnitud de la existencia. Pero sabemos que es armónica, bella y buena. Y la muerte, por ende, también.

Sebas aprendió a verlo así y, de este modo, desapareció buena parte de su malestar. Con ello empezó su gran armonía vital.

RAFAEL: *Hola, Sebas. Tú estás viviendo en Londres en estos momentos, pero ¿de dónde eres originario?*

SEBAS: De Rumanía, aunque me he criado en Barcelona, porque mis padres se mudaron cuando tenía dos años. Y sí, ahora mismo estoy en Londres, cosa que nunca habría imaginado.

R.: *Cuéntame tu caso.*

S.: En diciembre de 2019 empecé a sentir ansiedad. Al acabar mis jornadas de estudio, notaba una especie de taquicardia. Soy muy ambicioso y a veces no sé cuándo tengo que hacer pausas. Puedo estar seis o siete horas seguidas estudiando, pero es que me gusta esforzarme. En aquel momento, sin embargo, no entendía por qué me daban esas arritmias. De todas formas, opté por no prestarles atención. Pero enseguida comencé a encontrarme más raro cada vez. Y ya me entró la despersonalización, no sentirme en mi propio cuerpo. Me preocupé.

R.: *¿Cuánto tiempo duró ese malestar?*

S.: A ver, justo después de los exámenes se me pasó bastante. Pero, al poco, entré a trabajar en una empresa a tiempo parcial y la cosa volvió. Cada vez que salía del trabajo, me sentía mal, mareado, con despersonalización y taquicardias. Dejé de dormir. En un momento dado, ¡estuve casi un mes entero sin pegar ojo!

R.: *Y, al final, decidiste hacer terapia. Supongo que a lo mejor encontraste algún libro mío por ahí. ¿Cómo fue eso?*

S.: Al empezar el nuevo curso, en septiembre, ya estaba literalmente deprimido. El problema había crecido mucho y no sabía cómo salir de eso. Nada más empezar las clases di con una profesora a la que le conté todo: «Me da la sensación de que me voy a desmayar o, directamente, a morir, es algo desmesurado...». Y esa profesora me recomendó ¡acudir a tu centro! Lo primero que hice fue comprar el libro *Ser feliz en Alaska*.

R.: *Y empezaste terapia con una psicóloga de mi equipo, Silvia Tena. ¿Cuánto te ha durado la terapia con ella?*

S.: Sólo tres o cuatro meses.

R.: *¡Muy rápido!*

S.: Fueron unos meses increíbles. Eran clases magistrales. Poder conversar con una persona que sabe tanto de psicología era como ir a clases de la universidad.

R.: *¿Y ahora cómo estás?*

S.: La verdad es que genial. Vivo en Londres con mi novia y, simple y llanamente, me siento de fábula. Pero debo decir que lo he pasado muy mal, he tenido momentos de no poder salir a la calle, de no dormir... día tras día. Muchas veces me quedaba solo en casa sufriendo síntomas, desesperado, hasta que llegaba mi madre del trabajo. No tenía el valor de salir a la calle. En varias ocasiones intenté hacerlo y tenía que regresar por los mareos, las palpitaciones y la despersonalización. Era una pesadilla, como un perro que se muerde la cola eternamente.

R.: *Sí, sí. Ahora, Sebas, ¿cómo estás de cero a diez?*

S.: Yo creo que en un diez.

R.: *¡Vamos al grano! ¿En qué consistió la terapia?*

S.: Silvia me ayudó a hacer una lista de todas las cosas que me daban miedo. Y, una por una, fui exponiéndome a ellas. Como, por ejemplo, a ir al gimnasio. Al principio sólo me exigía prepararme la mochila y acercarme al gimnasio sin entrar... Luego, aguantar un poco allí dentro.

R.: *O sea, que diseñasteis un programa de afrontamiento de todos esos síntomas a los que te habías sensibilizado, ¿verdad?*

S.: Exacto. Piensa que se me hacía un mundo ir desde mi casa hasta el gimnasio, ¡que estaba al lado! Pero, gracias a tus libros, sabía que detrás del miedo había algo mucho mejor: salir de la ansiedad.

R.: *Fuiste muy valiente. El paso más difícil es «aceptar», ¿no?, porque para «afrontar» tienes que armarte de valor, sí, pero luego hay que aprender a «aceptar». ¿Cómo conseguiste hacerlo?*

S.: Porque me di cuenta de que seguía vivo después de cada exposición. Yo realmente pensaba: «Me voy a morir, me va a dar algo, va a ser la última vez que vea a mis padres». Pero pasaban los días y seguía vivo. Eso me permitió «aceptar» los síntomas.

R.: *¡Está genial!*

S.: Es duro, pero es como yo lo he vivido, sinceramente. El ver que seguía entero me hizo entender que todos los síntomas eran sólo sensaciones inofensivas.

R.: *¿Cómo fue cuando empezaste a ver los cambios?*

S.: Me acuerdo de que en *Sin miedo* decías que hay distintas fases de aceptación y creo que es muy cierto. Hay un nivel superficial: aceptas parte de la ansiedad, pero no acabas de hacer todo lo que quieres. Después, haces una aceptación profunda, te lanzas realmente a lo que te da más miedo y ahí ya lo aceptas todo. De hecho, durante un tiempo pensé que estaba aceptando, pero luego vi que no exactamente. Si eres capaz de ir al súper, pero luego evitas la cola para pagar porque te va a dar ansiedad, eso es un nivel de aceptación superficial, no es profundo.

R.: *Hubo un momento en el que ya era total, ¿no?*

S.: Sí. También creo que fue importante la manera en la que yo me relacionaba con la muerte. Un día entendí que se puede vivir con la incertidumbre de la muerte y ser feliz. Eso fue otro momento de aceptación profunda.

R.: *¡Qué bueno! Comprendiste que la muerte no es asunto tuyo. Tu concentración debe estar en vivir.*

S.: ¡Aprendí tanto...! Por ejemplo, que no tienes que buscar eliminar la ansiedad, sino experimentarla y conocerla. Cuando viene la ansiedad, te está dando un mensaje: quizá tienes que parar. ¡Esto no es rechazarla o reducirla para siempre! Es convivir con ella y aprender juntos.

R.: *Claro.*

S.: Yo cogí todos los síntomas —las palpitaciones, los mareos, la despersonalización...—, los analicé uno por uno y les perdí el miedo. Incluso vi que eran positivos. Que el corazón se ponga a mil puntualmente no es tan malo.

R.: *Para nada. De hecho, cuando hacemos deporte o vemos una peli o un partido de fútbol también se pone a mil. El corazón va más rápido y eso es sanísimo. Oye, una pregunta, ¿tomaste fármacos en todo este proceso?*

S.: No. Por mi forma de ser, no quise tomar ninguna pastilla. Aunque no digo que no puedan ir bien. Quizá te ayuden a ver las cosas de otra manera.

R.: *Por supuesto.*

S.: Pero yo decidí, Rafael, no tomar nada y escuchar mi cuerpo. Hacer actividad física y ya.

R.: *¿Dirías que este proceso terapéutico ha sido duro?*

S.: ¡Muy duro!

R.: *La verdadera terapia es dura, ¿eh?*

S.: Claro. Y también es difícil la incomprensión de los demás. Los familiares y amigos no llegan a entenderte nunca y eso es horrible. Te pueden apoyar y es muy importante que lo hagan, pero la comprensión profunda sólo te la podrá ofrecer un psicólogo.

R.: *Has hecho un trabajo increíble que te está permitiendo vivir experiencias en el extranjero y disfrutarlas a tope.*

S.: Vengo de una familia humilde y me ha costado un montón llegar hasta aquí. Así que ahora lo aprecio todo mucho más.

R.: *Por cierto, durante tu terapia, ¿mirabas los testimonios que tenemos colgados en YouTube?*

S.: ¡Me los he visto todos, Rafael!

R.: *Ja, ja, ja.*

S.: Los testimonios me ayudaron muchísimo. Silvia, de hecho, me recomendó mirarlos todos los días.

R.: *¡Fantástico! Y ahora tú sigues la cadena de ayuda mutua. Te lo agradezco y te mando un abrazo muy grande para allá.*

S.: Igualmente, Rafael.

R.: *Hasta luego.*

COMENTARIO FINAL

Sebas es un joven ejemplar. El hijo, hermano y amigo que todos queremos tener. En el vídeo que grabamos se puede apreciar. Me encantó conocerlo.

Sebas comentó en nuestra charla un punto importante: los diferentes niveles de aceptación que se pueden dar en el camino de la curación. La aceptación superficial, la profunda y la total. Son grados diferentes que se van alcanzando a medida que se evoluciona.

En aceptación total, uno ya no se pregunta cuándo acabará el ataque, porque no le importa demasiado. La mente deja de dar vueltas todo el tiempo al tema de la incomodidad, a la propia ansiedad, a cualquier cosa preocupante. Es más, suele fijarse en otros asuntos, como en la calidad de la música que se está escuchando o en las prendas que exhibe un escaparate.

Pero la aceptación total llega sólo con el trabajo duro, tras muchas horas de vuelo. Como ya hemos señalado, es esencial practicar todos los días, sin darse descansos. Ni siquiera los fines de semana. La mente necesita mucha repetición para cambiar los hábitos emocionales.

Como en el testimonio de Laura, Sebas también se sorprende de lo mucho que ha despegado su vida desde que hizo la terapia. Ahora vive en Londres con su pareja, desarrolla el trabajo de sus sueños y disfruta al máximo. Y es que dentro de nosotros nuestra mejor versión está lista para salir y tomar el mando.

Sebas llevó a cabo la terapia con toda su energía estudiantil. Para él, las sesiones con Silvia Tena fueron clases magistrales. Un aprendizaje para toda la vida.

10

Ana, la profesora que se plantó

Quería vivir y se negó a seguir así

> Pensamos que protegiéndonos del sufrimiento estamos siendo buenos con nosotros mismos, pero la verdad es que sólo nos hacemos más temerosos, más duros y más alienados.
>
> PEMA CHÖDRÖN

Ana, de Sabadell, es una profesora joven y llena de energía, pero la ansiedad llevaba mucho tiempo arruinándole la vida. Tenía TOC.

Este problema consiste en quedarse atrapado en bucle en una preocupación irracional. Es similar a cuando le damos vueltas a una decisión importante y urgente y no podemos resolverla. Sólo que, en el caso del trastorno, ocurre todos los días, año tras año, y es mucho más angustioso. La persona sabe, en buena medida, que es una conducta irracional, pero no puede evitarla. Los especialistas creemos que hay algo genético, una predisposición a entrar en esos bucles, aunque ello no impide que se pueda superar con autoeducación mental. Podemos solventarlo con ejercicios.

Existen miles de TOC diferentes y cada uno se puede

definir en una frase, ya que parten de una duda o amenaza, como: «¿Me habré infectado tocando tal superficie?», «¿Soy homosexual?», «¿Tendré un cáncer?», «¿Quiero suicidarme?»... Siempre hay una pregunta y, por mucho que le demos vueltas, nunca acabamos de tener una sentencia definitiva.

La persona con TOC suele estar preocupada con su obsesión el ochenta o noventa por ciento del día y presenta compulsiones, es decir, actúa de forma repetitiva para calmarse, para darse una respuesta tranquilizadora.

Pero, aunque parezca paradójico, la solución no está en intentar calmarse, sino todo lo contrario: en exponerse crudamente a la duda o amenaza sin intención de resolverla. Tenemos que vivenciar la ansiedad hasta que deje de asustarnos y de molestar. Así, la mente se desensibiliza con respecto al TOC y éste desaparece. Una vez curado, a la persona ya no le aterra haberse infectado o no, ser homosexual o no, tener un cáncer o no... Sabe evaluar racionalmente las probabilidades de que suceda tal cosa y ya no entra más en bucle. El TOC se ha acabado.

La resolución del TOC nos enseña a todas las personas, con o sin trastorno, que la mente puede reprogramarse. Todos podemos dejar de ser iracundos, ansiosos, nerviosos, tímidos, dubitativos o tendentes a la depresión. ¡Aunque tengamos una predisposición a ello! Porque el cerebro es plástico, tiene neuroplasticidad, como demuestran todos estos héroes que han superado las trampas mentales.

Casi todas las emociones negativas exageradas son producto del miedo. Si las aceptamos completamente, su importancia disminuye muchísimo. Si dejamos de temerlas, las más irracionales desaparecen.

Rafael: *Tú, Ana, hiciste terapia durante un año y medio con Antonio, un excelente terapeuta de nuestro equipo, para tratar un TOC que has tenido desde jovencita. En todos estos años, tu TOC iba, venía y mutaba. Finalmente, te acercaste a la consulta durante la pandemia, porque la molestia había subido de nivel y te dijiste: «¡Me lo tengo que tratar ya!».*

Ana: Sí, empecé la terapia en 2020. Hace más de dos años ahora.

R.: *Tuviste varios TOC, pero el principal fue el de dañar a otros. Explícanos, ¿cómo funciona?*

A.: En mi caso, me venía la imagen de atacar a mi madre. Recuerdo que la primera vez fue durante un abrazo. Yo sabía que no lo iba a hacer, pero aun así me provocaba un rechazo brutal. Fui al psiquiatra y me comentó que esa neura es muy común, que no le tuviese miedo. Y con tratamiento farmacológico me desapareció. Doce años después, volví a acordarme de esa imagen. En un momento de mucho estrés, de oposiciones, de pandemia... le cogí miedo otra vez.

R.: *Sabes que a mí me gusta definir el TOC con lo que llamo «duda-amenaza». Corrígeme si me equivoco, creo que tu duda-amenaza era: «¿Sería capaz de hacerlo?».*

A.: No, no. Era más bien: «¿Y si no se me va nunca? ¿Y si desemboca en una esquizofrenia?».

R.: *Ah, de acuerdo. Entonces, debías de obsesionarte pensando cosas del estilo: «A ver, Ana, tranquila, seguro que se irán» o «¡Por favor, que no me vengan, que no me vengan!».*

A.: ¡Sí! Y otras formas de compulsión, como: «Si me imagino metiéndole un boli, también puedo visualizarme abrazándola». Cuando me venía esa imagen horrorosa, acto seguido pensaba otra cosa como para desactivar la idea. Y también llamaba cada dos por tres a una amiga psicóloga para que me asegurara que no pasaba nada, que eran sólo pensamientos tontos.

R.: *Fuiste a varios psicólogos, ¿no?*

A.: Sí, Rafael. ¡Llegué a tratarme con cuatro terapeutas a la vez, porque no acertaban con mi diagnóstico! Falta mucha formación al respecto. Una psicóloga, por ejemplo, me aseguró que lo mío no era TOC, y tiene veinte años de experiencia en el sector, con una gran reputación en redes sociales... Y fíjate, me dijo: «No, no, tú lo que tienes es ansiedad generalizada». Hay profesionales que te dicen que hagas meditación, que escribas, que cambies tus pensamientos... O sea, fatal. Te recomiendan todo lo que no hay que hacer.

R.: *Has dado en el clavo. Es muy importante que uno sepa identificar su TOC, incluso definirlo, ponerle nombre a la duda-amenaza. Porque, para empezar, es fundamental que la persona tenga muy claro que es irracional y, además, que lo tiene que combatir precisamente yéndolo a buscar. Todo lo contrario de lo que haría en cualquier otra situación. El tratamiento correcto del TOC implica meter la mano en el fuego. Nadie querría hacerlo, pero justo se debe ir de frente a buscar la ansiedad. Para ser capaz, necesitas saber que tu problema se llama TOC y que ésta es la única solución. Por lo tanto, definirlo es fundamental. Por eso, déjame que lance un mensaje a la gente: si sospecháis que tenéis un TOC y buscáis ayuda, id siempre a un especialista. Es decir, a un psicólogo que se dedique a tratar el TOC, porque, de lo contrario, os van a llevar mal.*

A.: Antonio me prohibió hacer cualquier tipo de relajación, meditación, yoga... Es decir, ¡absolutamente nada que me relajase!

R.: *Fenomenal. Te ha ido bien, ¿eh?*

A.: Muy bien. Y otra cosa que quiero comentar: la exposición nunca se debe utilizar como forma de aliviarse, porque él detectó que yo la usaba así. La exposición tiene que ir muy pautada. O sea, si es por la mañana y por la noche, hazla en esos momentos, por la mañana y por la noche. No cuando estás mal con la intención de calmarte.

R.: *Exacto. El propósito de la exposición no es eliminar las obsesiones en el momento. El objetivo es perder el miedo a las sensaciones que provoca el TOC y desensibilizarse a largo plazo. Si haces las exposiciones para calmarte, estás huyendo, evitando, y no te curarás.*

A.: Yo, al principio, las usaba erróneamente para tranquilizarme, o sea, de manera evitativa.

R.: *Exactamente. Oye, Ana, me da que ya eres experta en el tratamiento del TOC. Me encanta.*

A.: He leído un montonazo. He estudiado todos los libros que hay sobre el tema y sobre los pensamientos intrusivos.

R.: *Qué bueno. Hagamos otra acotación aquí, ya que estamos hoy con un testimonio tan interesante. En mi libro* Sin miedo, *por ejemplo, digo que la cura está en tener ansiedad, acostumbrarse a ella, convivir juntos. Si el ejercicio que estás haciendo te está sacando del problema en ese mismo momento, ¡no lo estás haciendo bien! Esto es un buen resumen, ¿verdad, Ana?*

A.: Sí. Muchas veces me parecía un ejercicio insoportable, porque las exposiciones son muy heavies. En esa época, tenía diarrea diez veces al día.

R.: *Y tenías otro TOC que consistía en producir deseos negativos hacia la gente. Por ejemplo, ibas conduciendo, veías a un ciclista y pensabas: «Ojalá se mate». Te aterraba que esas frases se quedasen para siempre.*

A.: Sí. Temía que me viniesen continuamente y me amargasen la vida. Conforme pasaba la frase por mi mente, me entraba una ansiedad enorme, dolor de barriga, temblores... Y, efectivamente, me daba miedo que se quedase todo eso.

R.: *Una pregunta técnica: ¿qué compulsiones hacías con ese TOC de las frases chungas?*

A.: ¿Compulsiones? Bueno, es que yo creo que ahí no hacía nada.

R.: *A lo mejor evitabas mirar a la persona o te decías una frase benéfica, como: «No, no, no, ¡si yo lo quiero sano!».*

A.: Ah, sí. ¡Me intentaba calmar de esa forma! Sé que no se tiene que hacer.

R.: *¿Qué tipo de exposición hiciste con ese TOC?*

A.: Cuando iba al trabajo, en el coche, al ver a cualquier persona, pensaba a propósito: «¡Muérete! ¡Que te coja un cáncer! ¡Que tu madre y tu hijo se mueran!». Las barbaridades más grandes que se me ocurrían.

R.: *Fantástico. ¿Y ahora cómo estás de cero a diez?*

A.: Nueve y medio. No digo diez porque yo creo que en mi cabeza aún...

R.: *Puede pasar...*

A.: Sí. Sucede a veces.

R.: *Pero ¿cuánto dura ahora?*

A.: Nada, unos segundos sólo.

R.: *Y no te importa, ¿verdad?*

A.: Exacto. Me da igual. A ver, preferiría, si te soy sincera, que no pasara, pero lo he aceptado. A mí me pasa esto y hay gente que tiene cáncer. O un dolor crónico y se aguanta.

R.: *Pero el hecho es que ahora los pensamientos te vienen sólo como flashes y desaparecen enseguida. Es genial. Ahora, Ana, sólo necesitas que la mente lo vaya olvidando del todo.*

A.: Eso es. Yo creo que tengo sólo el recuerdo. Mi mente todavía está atenta por si... Pero ¿sabes? Cuando viene, se da cuenta de que no pasa nada y ya está.

R.: *Fenomenal. ¿Dirías que este proceso de exposición ha sido duro?*

A.: Sí. Había días que me exponía dos veces y era la guerra.

R.: *Durante este año y medio de tratamiento, has estado un montón de días hecha polvo, ¿a que sí?*

A.: Hecha polvo no, ¡lo siguiente! Perdí un montón de peso, porque cada exposición me removía el estómago como una lavadora. No tenía ilusión de nada, estaba agotada mentalmente. Pero lo hacía, ¿eh? Mi madre me llegó a decir: «Te veo mejor que nunca». Y yo pensaba: «¿Cómo puede ser, si estoy hecha un trapo?». Aun así, seguí exponiéndome y creo que eso también me ayudó.

R.: *O sea, que podemos decir ahora, con cierta perspectiva, que ha sido un infierno que ha valido la pena.*

A.: ¡Sí, muchísimo! Pero ha sido muy duro. Porque no sabes si va a funcionar y son tantos meses de exposiciones...

Recuerdo que tuve una recaída y pasé tres días diciéndome: «Dios, ¿cómo puede ser que no sepa salir de aquí ahora?».

R.: *En plan: «¡He olvidado todo lo que he trabajado! ¡He vuelto al punto de partida!».*

A.: Exacto. Pero, fíjate, Rafael, justo después de esa recaída me puse bien del todo.

R.: *Te sientes muy orgullosa de haber realizado este trabajo, ¿verdad?*

A.: ¡Sí! Yo jamás habría pensado que podía hacer algo tan complicado. Pero ¡jamás! Que iba a poder sacar las fuerzas necesarias. De hecho, muchas veces sentía que no podía. Había algún día que simplemente no me podía exponer, pero me permitía esos bajones y, lo antes posible, a la carga otra vez.

R.: *Es normal. Ya sí te consideras una persona fuerte, ¿eh?*

A.: ¡Mucho más!

R.: *Has ido a visitar el infierno durante un año y pico todos los días, sabiendo que allí te sentirías fatal. Te conjuraste contigo misma para decirte: «¡Mi única opción es curarme!».*

A.: Claro. ¡Yo quería vivir, hacer, ser feliz! ¡No me daba la gana seguir así! ¡Me negaba!

R.: *Has tenido un coraje extraordinario. ¿Y no te parece que, a partir de ahora, cualquier problemita que tengas no te va a quitar el sueño?*

A.: Sí, sí. ¡La verdad es que te afecta todo mucho menos! Ves a la gente que se calienta la cabeza por chorradas y a ti te resbalan.

R.: *¡Qué bueno! Lo has hecho muy bien. Has tardado un tiempo medio en conseguirlo. Hay gente a la que le lleva tres o* *cuatro meses, pero se puede extender perfectamente mucho más, a uno, dos o tres años.*

A.: En realidad, ese tiempo no es del todo real, porque a los cuatro meses ya estaba bastante bien. O sea, un setenta por ciento bien. Lo que pasa es que luego haces más avances y pierdes más miedo al miedo. Acabas aceptando lo más difícil. Porque uno, muchas veces, cree que ya está aceptando, pero sólo tolera.

R.: *Exacto. Mucha gente me cuenta que no les sale «aceptar» o «flotar» y yo siempre les digo: «No te preocupes y practica, que ya te saldrá».*

A.: Es una cuestión de tiempo. Al principio, yo también pensaba cómo diantres iba a aceptar síntomas tan fuertes. Porque a mí, Rafael, la ansiedad me subía a unos niveles extraordinarios. No sé explicarlo, pero era una tensión brutal por todo el cuerpo hasta la mandíbula.

R.: *Encima, sin ganas de comer.*

A.: Ninguna. Me forzaba, porque nadie sabía lo que estaba haciendo. A mí me encanta salir y cuando quedábamos para cenar no me podía comer ni un bocadillo. Decía que tenía ardor o me inventaba alguna otra cosa.

R.: *¿Y dormir? Durante todo este proceso tan difícil de exposición, ¿tenías dificultades para dormir?*

A.: No dormía mucho. Tuve que tomar algo de medicación. Porque, si no, no era capaz. La quitamos al final y también fue una forma de exposición.

R.: *Un poquito de medicación para dormir, de vez en cuando, está bien.*

A.: Sí. Y luego, conforme fueron pasando las exposiciones, el cuerpo iba relajándose y ya sí conciliaba el sueño. Ah, tuve que aceptar que podía hacer todo aunque estuviese cansada.

R.: *¡Muy bien! No hay que tenerle miedo al cansancio. No pasa nada.*

A.: ¿Me permites un momentito para decir algo?

R.: *Claro.*

A.: Tengo un perfil en Instagram que se llama @ana.toc.toc al que me pueden escribir. Estaré encantada de ayudar a quien necesite hablar de esto. Yo me apoyé en tus testimonios y me fue genial. En los de José, María...

R.: *¡Esta ayuda mutua es maravillosa!*

A.: ¡Y te quiero dar las gracias especialmente a ti! Ojalá crees una escuela para formar a todos los psicólogos de España, porque, la verdad, yo he pasado por muchos profesionales, he recibido muchos diagnósticos y me he gastado mucho dinero para estar haciendo lo contrario de lo que tenía que hacer. Falta formación especializada en el tema.

R.: *Mi trabajo también consiste en divulgar. Lo que estamos haciendo ahora tú y yo. Es importante que la gente sepa lo que tiene, que pueda identificarlo y que, si necesita ayuda, consiga un profesional que conozca cómo se maneja esto. Me encanta tu idea de dejar el perfil de Instagram para ayudar a los demás. ¡Te mando un abrazo!*

A.: ¡Muchas gracias a ti y a tu equipo!

COMENTARIO FINAL

¡Ana es una chica estupenda! La he podido conocer un poco mejor durante los últimos años y es todo generosidad.

Me gusta especialmente cómo sacó la rabia para enfrentar su problema. A veces, es beneficioso el pundonor, que nos lleva a decirnos: «¡No quiero vivir así! ¡Tengo que curarme!». Utilizar ese coraje como fuerza extra para realizar el trabajo puede ser muy conveniente.

En terapia conductual manejamos un concepto que algunos han llamado «desesperanza creativa». Es algo así como meter el dedo en la llaga, subrayar el hecho de que no tenemos una buena vida, de que las cosas marchan mal y todavía pueden ir peor. «¿Por qué ser tan negativos?», se preguntarán algunos. La respuesta es que ser muy realista puede servir como fuente de motivación para cambiar y, sobre todo, para evitar engañarse a uno mismo con excusas.

Mis amigos de Alcohólicos Anónimos también emplean la desesperanza creativa. Cuando inician sus reuniones, sale un miembro a la palestra para decir: «Me llamo Manuel y soy alcohólico. Os contaré brevemente mi vida de bebedor, las aberraciones que he cometido y lo bajo que he caído».

¿Por qué empiezan así todas sus reuniones? Porque mirar con toda sinceridad la situación y ser absolutamente honestos es la única forma de encarar un problema que va a costar mucho solucionar. Cualquier escapatoria mental, autoengaño, autoindulgencia sólo va a servir para huir, para evitar hacer lo que se tiene que hacer.

En esta charla, Ana subraya eso mismo. Su vida era una porquería y no iba a consentir que siguiese así. Eso es desesperanza creativa: emplear la realidad cruda como aliciente.

Ana es profesora de niños pequeños y adora su trabajo. Le encanta bailar música latina. Tiene una pareja maravillosa y planea quedarse embarazada en breve. Su familia extensa es superdivertida y se ama como pocas. ¡A Ana hasta le apasiona su ciudad! Participa casi siempre en las fiestas y en otras movidas cívicas. ¡Es una persona muy feliz! Y ahora ya puede expresar todo ese amor que lleva dentro. Ahora sí.

11

Ainara, seis años de no vida superados en cinco meses

Sola pudo vencer el TOC

> Nuestra actitud hacia el dolor puede cambiar radicalmente: en lugar de mantenerlo apartado y ocultarnos de él, podemos abrir el corazón y permitirnos sentir ese dolor, sentirlo como algo que nos suaviza y purifica, que nos hace más amorosos y mejores.
>
> PEMA CHÖDRÖN

Ainara es una veinteañera ultramoderna con su piercing en la nariz. Contactó conmigo por Instagram y me preguntó: «Rafael, no puedo pagarme un psicólogo. ¿Puedo hacerlo yo sola?». Mi respuesta inmediata fue: «¡Claro! Dale fuerte. Yo te acompaño desde aquí».

Su TOC era uno de los más típicos: dañar a alguien.

Las personas podemos cogerles miedo a sensaciones internas, como que el corazón vaya muy deprisa, pero también a pensamientos, como sucede en el TOC. En ambos casos, se trata de una trampa mental. Cuanto más miedo tenemos, más nos provocamos la aceleración del corazón o la obsesión.

Queremos evitarlo, pero ese mismo esfuerzo provoca el aumento del síntoma. Es decir, ¡somos nosotros los creadores y mantenedores del problema!

La solución siempre pasa por «dejar de evitar», «mirar al miedo a los ojos», «afrontar» y «aceptar». Pero es un trabajo muy difícil, porque cada milímetro de nuestro cuerpo y nuestra mente rechaza ese trabajo.

Ainara, a sus veinticinco años, fue una más de esas valientes que decidieron domesticar sus miedos. Todos los días. Con total determinación. Tanta que escuchaba los testimonios publicados en YouTube durante ocho horas al día, mientras trabajaba.

Por eso, en cuanto se vio liberada del TOC, quiso participar en esta cadena de ayuda mutua, para devolver el favor a esa comunidad maravillosa de superhéroes del desarrollo personal.

Nuestro sistema para superar los ataques de pánico, el TOC o la hipocondría requiere mucha intensidad, sí, pero tiene una efectividad casi asegurada. Mi consejo siempre es: «Deja de buscar otras soluciones y ponte ya mismo a vencer esto de una vez por todas». Y es que los trastornos de ansiedad pueden hacernos la vida imposible. Tal es el perjuicio que llegan a causar que lo mejor es no poner en peligro la curación y seguir el método más efectivo: éste.

RAFAEL: *¿Qué tal, Ainara? ¿Cómo lo llevas?*
AINARA: Muy bien.
R.: *¿Qué edad tienes, por cierto?*
A.: Veinticinco.
R.: *Sé que tu TOC apareció un día de repente. Un mal día, de la*

nada, se te ocurrió la idea de que podías agredir o matar a alguien. Fíjate, es un trastorno típico. ¿En qué consistía en tu caso? ¿Cuál fue el pensamiento que tuviste?

A.: Estaba recogiendo la cocina y me dije: «¡Guau! ¿Y si cojo un cuchillo y mató a mi hermano?».

R.: *Y te asustaste un montón.*

A.: Muchísimo. Sentí como un calambrazo por todo el cuerpo, fue una sensación horrible. Fatal, fatal. Y, acto seguido, entré en bucle: «Pero ¿cómo has podido pensar eso? ¡Igual estás loca!». Me empecé a machacar día y noche.

R.: *Ese pensamiento fue ocupando cada vez más tu atención. Además, supongo que flipabas, porque no se te ocurría ni siquiera qué te estaba pasando.*

A.: Claro, yo no sabía nada. No entendía por qué me había pasado eso por la cabeza. La pregunta del porqué, por qué he pensado esa barbaridad, era constante. «¡A lo mejor es que estoy loca!».

R.: *Cuando estuviste peor, ¿qué porcentaje de tu día pasabas enzarzada en esa preocupación?*

A.: El noventa por ciento. O sea, me levantaba, abría los ojos y ya pensaba: «Vaya mierda. Ya está aquí el pensamiento». Porque se presentaba todo el día, ¡a todas horas! Y yo intentaba evitarlo. Por ejemplo, me aferré un montón al móvil y a las redes sociales para frenarlo. Ahora sé que esa evitación, en realidad, empeoraba el TOC.

R.: *¿Te distraías con Instagram y demás?*

A.: Con eso, con series, yo qué sé... Quedaba con gente continuamente para pasar del tema. Pero, al final, también era horrible, porque estaba con amigos pero en mi mundo. En mi cabeza estaba sólo la obsesión, esa preocupación constante.

R.: *¿Cómo me descubriste?*

A.: Tardé muchos años. Un día, mirando vídeos de autoayuda, relajación, mindfulness... te encontré. Pensaba: «Bueno, esto es inseguridad mía y tengo que hacer algo. Aprender a quererme y tal». Así que empecé a investigar e investigar hasta que di contigo. Entonces, por fin, dije: «¡Buah! ¡Esto es lo que me pasa a mí!».

R.: *Imagino que viste alguno de mis vídeos sobre el TOC, ¿no?*

A.: Sí, me parece que fue en YouTube.

R.: *¿Cuánto tiempo hace de eso?*

A.: Pues, a lo mejor, medio añito.

R.: *Debiste de flipar con que lo tuyo tuviese un nombre y que lo sufriese tanta gente, una de cada cincuenta personas. Fue un descubrimiento para ti, ¿verdad?*

A.: ¡Eso es, me dio la vida! Porque me dije: «¡Dios, no soy la única a la que le pasa esto!». Es que durante un montón de años pensaba: «¡Guau! ¡Estás loca, ni se te ocurra decírselo a nadie!».

R.: *Claro. Si no sabes de qué va el asunto, tienes miedo de que la gente piense que eres una psicópata. ¡O que estás loca!*

A.: Me aterraba que la gente me apartase de su vida, que me dijeran: «¡Estás pirada! Se acabó, no quiero saber nada de ti, aléjate de mi vida». Era un secreto que tenía bajo llave y que nunca, en esos seis años, le había contado a nadie.

R.: *Sí, ese secretismo es muy común. Y, entonces, a partir de ahí, ¿qué? ¿Leíste mi libro* Sin miedo? *¿Viste más testimonios?*

A.: Sí, me lo leí en nada, ¡en tres días! Al principio, lloraba y lloraba. ¡Ostras! Me quité una mochila de encima que llevaba un montón de tiempo soportando. Pensaba: «¡Esto tiene cura! ¡No estoy loca!». Fue maravilloso. Pero dudaba de si estaba preparada para hacer el proceso sin ayuda, porque, claro, yo no podía pagarme un psicólogo ni nada. Entonces, te escribí por Instagram y te pregunté: «¿Tú crees que puedo intentarlo sola?». Y me respondiste: «Sí, hazlo». A partir de ahí, empecé a exponerme a saco cada día. ¡Cada día es cada día!

R.: *¿Cómo lo hacías? Ponme un ejemplo de las exposiciones.*

A.: Pues mi ritual era el siguiente: sacaba al perro con los cascos sin música para estar en silencio y me ponía a pensar en la obsesión. Me iba a lo peor, imaginaba que efectivamente hacía todas las barbaridades que temía. ¡También pensaba en las repercusiones! Por ejemplo, que me encerraban en un psiquiátrico.

R.: *Lo debías de pasar fatal con esas visualizaciones.*

A.: Fatal, fatal. Era muy desagradable. Lo más horrible que he hecho en mi vida.

R.: *¿Cuántas veces al día?*

A.: Dos o tres. Cada vez que sacaba al perro. Y en el trabajo también. A lo mejor cogía y me decía: «Venga, quince minutos. ¡Voy a ponerme en lo peor!». Cuando tenía un ratito libre, lo hacía.

R.: *¡Guau! Qué maravilla. ¿Alguna exposición más?*

A.: Contárselo a la gente. Porque pensaba que, si lo decía, se cumpliría. Entonces, estaba claro que tenía que exponerme así.

R.: *¡Claro que sí! Hemos de ir directos al miedo. Si tenemos la idea supersticiosa de que hablar del tema mágicamente hará*

que suceda, es justo eso lo que debemos hacer: contarlo.
Para darnos cuenta de que no pasa nada.

A.: La primera vez que lo expliqué fue terrorífico. Pero, después, llegó un momento que incluso le cogí el gustillo. Porque me di cuenta de que no importaba, de que la gente me acogía. Incluso dos amigas mías me han contado después que ellas también tienen TOC.

R.: *Y les has hecho un gran favor, porque, a través de tu ejemplo, les has señalado el camino. Cuando explicas un problema como éste, en general la gente te trata bien: «No pasa nada. Yo te ayudo. ¿Qué necesitas?».*

A.: Sí, sí, total.

R.: *Una gran exposición es ver en internet noticias de personas que han asesinado a un familiar. Eso te genera una ansiedad descomunal. O inventar un relato macabro, grabarlo con el móvil y escucharlo una y otra vez. O escribir esa misma historia en papel y leerla. Cualquier cosa que te pueda activar el TOC. Otra exposición que se me ocurre es llevar un cuchillo encima y, cuando esté tu hermano cerca, tocarlo.*

A.: ¡Eso hacía! A veces me quedaba a solas con mi hermano, que era lo que me daba más miedo, y me iba a la cocina, sacaba los cuchillos y los colocaba de nuevo en su sitio. Lo hacía una y otra vez. En plan: «¡Eh, que los estoy tocando, que no pasa nada!».

R.: *Lo hiciste muy bien. Es fantástico que, trabajando sola, se te fueran ocurriendo todas esas exposiciones.*

A.: Rafael, es que yo me empapaba todo el día con los testimonios. Estaba las ocho horas de trabajo escuchándolos, todos los días. Me los ponía de fondo. Me nutrían un montón, porque me daban ideas y me motivaban.

R.: *¿Cuánto has tardado en hacer todo este trabajo?*

A.: A ver, aún sigo, ¿eh? Pero noto una mejoría increíble.

R.: *¿Cómo estás, del cero al diez?*

A.: Respecto al TOC, estoy en un ocho.

R.: *Oye, ¿un ocho qué significa? Cualitativamente, ¿qué quiere decir? ¿Cuántas veces te entra el TOC al día y cuánto dura?*

A.: Uf. Me pasa como una vez cada tres días. Pero es más bien un recuerdo. Se me viene la neura a la cabeza, pero no se activa.

R.: *¿Y dura muy poquito?*

A.: Sí, porque enseguida me pongo en lo peor y se va. También tenía otros TOC que he ido desmontando. Uno de ellos era el miedo a que se me olvidara lo que iba a decir.

R.: *Ese TOC lo conozco muy bien.*

A.: También era horrible. Durante una temporada, directamente, prefería no hablar.

R.: *Y ese TOC ¿cómo lo has combatido? ¿Cómo te has expuesto?*

A.: Hablando con todo el mundo sin cortarme. Pensando: «Si me quedo en blanco, me quedo en blanco, y punto». Y también confesando el fallo sin más. Diciéndole a la gente: «Vaya, me he quedado en blanco».

R.: *Fenomenal.*

A.: Y, de hecho, un par de veces se me ha ido el santo al cielo de verdad. Le he dicho a la otra persona: «¡Hostia, se me ha ido lo que iba a decir!», y la reacción de los demás ha sido: «Pues no pasa nada, hablemos de otra cosa». No pasó nada.

R.: *Te exponías no cortándote al hablar y practicando el olvido y la confesión relajada. Incluso podías haberte propuesto provocar que se te fuera el santo al cielo.*

A.: Sí, sí. Lo he hecho.

R.: *Entonces, ¿todos esos TOC los tienes en un ocho?*

A.: Sí.

R.: *Yo te pondría más nota, pero me parece bien tu ocho. Cada uno se califica como quiere, aunque... creo que te pondría un nueve. Vamos a seguir trabajando para acabar de eliminarlo, ¿vale? Oye, ¿cuánto tiempo has tardado en alcanzar ese nivel?*

A.: Pues yo qué sé, cuatro o cinco meses, más o menos.

R.: *¿Ha sido duro el trabajo de exposición cada día, a todas horas, durante estos cinco meses?*

A.: Durísimo.

R.: *¿Es lo más difícil que has hecho en tu vida?*

A.: Totalmente.

R.: *¿Crees que es lo más complicado que harás jamás?*

A.: Sí.

R.: *Yo también, pero está guay, porque ya sabes que eres capaz de hacer cosas extraordinarias.*

A.: Es que esto me ha cambiado la vida.

R.: *¿Cómo? ¿En qué sentido?*

A.: Antes estaba apagada. No me apetecía nada. Se me habían quitado las ganas de vivir. Y ahora tengo motivos para levantarme, seguir, socializar. Había perdido el contacto con mucha gente, no quería hablar con nadie, tenía mucho miedo, estaba atormentada. Ahora vivo plenamente y soy feliz.

R.: *Es que fueron siete años de castigo, de estar dentro de una trampa mental. Pero lo que tenemos que hacer es ponernos las pilas y crecer, ¿no?*

A.: Sí, sí, sí. Pero, buf, hasta que das con la clave... Antes no sabía qué hacer ni por dónde tirar.

R.: *Eres una tía con una gran fuerza de voluntad y eso te ha ayudado un montón. Fíjate en que todo el trabajo que has hecho, encontrar las exposiciones más intensas, llevarlas a cabo así de bien, escuchar tantas veces los testimonios, leerte el libro superrápido... es lo que te ha permitido mejorar. Mucha gente dice que este aprendizaje es una gran lección de fortaleza, porque al completarlo uno se dice: «Pero ¿a qué le voy a tener miedo ahora? ¡A nada!». ¿En ti ha quedado también esa gran lección?*

A.: Totalmente. Cuando tengo un atisbo de ansiedad o de inseguridad, pienso: «¿Qué es lo peor que me puede pasar?». Y siempre me respondo: «¿Sólo esto? ¿Ya está? ¡Si no es nada!». Por ejemplo, hace poco tuve un problemilla en el trabajo, me sentía insegura y tal. Me pregunté: «¿Seguiré cayendo bien a los compañeros?». Enseguida vi que lo peor que me podía ocurrir es que hubiese dicho algo mal. No pasa nada.

R.: *Has hecho un trabajo espectacular y acabarás por completo con el TOC. Podemos hacer una cosa, ¿qué tal si dentro de uno o dos años tenemos otra charla y me explicas cómo ha ido durante este tiempo? ¿Qué te parece?*

A.: Genial. Será muy guay.

R.: *Ainara, ha sido un placer charlar contigo. Eres una chica estupenda y has hecho un trabajo maravilloso. Te agradezco mucho tu testimonio.*

COMENTARIO FINAL

Ainara es un amor. Me encanta ver cómo gente tan joven es capaz de hacer un trabajo tan serio e intenso. Y me enternece que sea tan generosa al aceptar contar públicamente el problema que tuvo. En vídeo y, ahora, por escrito, en un libro. Cuando estaba inmersa en el TOC, lo último que deseaba es que alguien supiera nada. Muchas gracias, Ainara, eres un ángel.

El secretismo es una constante en el TOC. He conocido a muchas personas que habían mantenido oculto su trastorno durante toda la vida. Ni siquiera sus padres, hermanos o parejas sabían que vivían atormentadas por una duda irracional.

Es una lástima, porque, hablando sobre el tema, nos abrimos a la posibilidad de que alguien nos ayude. Quizá alguien cercano haya pasado por lo mismo e incluso haya encontrado una solución. Sihy, como vimos, descubrió *Sin miedo* gracias a una amiga exansiosa.

¡Hablemos, pues, de nuestras vulnerabilidades! Contémosle al mundo que no somos perfectos y que estamos aquí para crecer y ayudarnos los unos a los otros.

Ainara también habla, en nuestra charla, de un TOC supersticioso. «Si le cuento a alguien el TOC que tengo, se hará realidad». En el universo de estos trastornos hay mucho contenido supersticioso. Por ejemplo: «Si me levanto con el pie izquierdo, alguien de mi familia morirá», «Si los lápices no están bien ordenados, algo malo pasará», «Si me como los cereales con la mano derecha...», «Si me peino en menos de un minuto...», «Si camino por el centro de la calle...». La persona sabe que esas ideas son irracionales, pero piensa: «Ante la duda, ¿por qué no curarse en salud?».

El problema es que cada vez que se permite tener una compulsión —esto es, actuar de acuerdo con el TOC—, lo está reforzando. Debe parar en seco. No alimentar el asunto.

El TOC supersticioso puede convertirse en una verdadera pesadilla. La persona con este tipo de trastorno se siente abrumada, porque se ve obligada a tener compulsiones todo el día y le parece que poner coto a tantos TOC es casi imposible. La solución es el método de los cuatro pasos, como siempre. Y debe atajar TODOS los TOC al mismo tiempo. Paradójicamente, será más fácil lanzarse a por todos desde el inicio que ir uno por uno.

Ainara y yo tenemos una cita programada. Dentro de un tiempo nos volveremos a ver para comprobar su evolución. Ya habrá pasado del ocho al diez, seguro. Hasta entonces, gracias, Ainara. Eres un ejemplo.

12

Marisa y Cristina, las gemelas de *First Dates*, transformando su mente

El cerebro es un músculo: trabájalo y crecerá

> Pero, lo creas o no, el momento en que nos sentimos atónitos, agobiados o vergonzosos es el momento en que nuestra mente puede agrandarse.
>
> PEMA CHÖDRÖN

Marisa y Cristina Zapata son actrices, famosas por su participación en el programa de televisión *First Dates*. Encarnan a las camareras gemelas. Yo las conocí de una forma muy simpática. En cuanto se publicó mi libro *Sin miedo,* en junio de 2021, recibí una invitación para hacer una aparición especial —un cameo— en el programa. Como me encanta el *reality*, acepté de inmediato. Muchas noches, mientras ceno, lo paso bomba viendo las interacciones de las parejas que van allí a tener una cita a ciegas. El programa tiene mucho humor y permite aprender sobre las relaciones humanas y las habilidades sociales.

El día acordado me planté allí y ejercí de psicólogo. Carlos Sobera, el presentador, me llevó ante una de las concursantes de la noche, que tenía fobia social. Le provocaba una gran tensión interactuar con desconocidos. En una de las salitas del restaurante-plató, le di unos cuantos consejos para sacudirse los nervios. En televisión se emitieron apenas un par de minutos de mi intervención, pero lo pasé en grande.

Al acabar, conocí a los integrantes del programa, todos superagradables. Las hermanas Zapata me saludaron muy efusivamente:

—Rafael, nos encanta tu trabajo. ¿Sabes qué? Nosotras tenemos un TOC.

—¿En serio? Ése es el tema de mi último libro, *Sin miedo*. Tenéis que leerlo —repliqué.

Al cabo de una semana, recibí una llamada de Marisa. Quería hacer terapia. Nos pusimos manos a la obra. Xabier Soto, psicólogo de nuestro equipo de Madrid, se encargó de las dos. Menos de un año después, ellas mismas se ofrecieron a dar su generoso testimonio de transformación. Aquí lo tenéis.

La historia que cuentan es especial, porque, al ser famosas, su experiencia puede tener más impacto. Además, el hecho de ser gemelas nos da pistas de que el TOC es un asunto que se hereda. Pero, atención, aunque sea así, se puede superar con ejercicios mentales, porque, aunque tal vez el desencadenante sea orgánico, lo que lo amplifica, lo que lo convierte en un problema, es mental.

Todos nosotros tenemos la opción de modificar nuestro carácter, nuestras predisposiciones. Lo he comprobado en cientos de personas. Nos costará un esfuerzo decidido, pero se puede hacer, y la recompensa, construirnos a nosotros mismos, ser dueños de nuestro destino, es de lo más gratificante.

RAFAEL: *¿Qué tal, chicas? ¿Cómo estáis?*

HERMANAS: Muy bien.

R.: *Nos conocimos precisamente en televisión, cuando hice un pequeño cameo en* First Dates, *¿verdad?*

MARISA: Bendito sea el día que viniste al programa, porque llevábamos una lucha infinita para superar esta cosa tan horrorosa. Apareciste y vimos la luz. Porque, además, tu libro, *Sin miedo,* estaba ya por ahí pululando.

R.: *Exacto.*

M.: ¡Qué bien que hayas llegado a nuestras vidas! Ha sido un antes y un después.

CRISTINA: Fue muy bueno, nos pusiste en contacto con tu equipo y, la verdad, se nota la diferencia entre que te atienda un psicólogo experto en TOC o que lo hagan psicólogos más generales. Xabier Soto dio con la clave y nos enseñó la técnica. Fue genial poder conocerlo. A mí, de hecho, ya me ha dado el alta. No llevo ni un año con él, o sea, ¡muy bien!

M.: Yo todavía tengo que dar unas sesiones más, porque lo mío es mucho más fuerte, pero estoy, por decirte un número, en un noventa y siete por ciento de bienestar.

R.: *¡Cómo me alegro!*

M.: Piensa, Rafael, que hace cuatro años estaba pensando a quién escribir la carta de despedida, cómo hacer para irme de esta vida. Lo que hemos vivido ha sido realmente horroroso, un infierno.

R.: *Vuestro caso demuestra que el TOC se hereda. Así como los ataques de pánico le pueden pasar a cualquiera, el TOC sí parece que tiene un componente genético. Las dos tuvisteis el mismo TOC, ¿no?*

H.: Sí.

R.: *La trampa mental del TOC consiste en cogerle miedo a un pensamiento. En los ataques de pánico sucede con las sensaciones internas. Si te preocupa algo de manera muy intensa, puedes caer en un bucle: tengo miedo a que el corazón me vaya muy deprisa, por lo que se acelera y, en consecuencia, le cojo más miedo. Es muy fácil caer en este trastorno y crece exponencialmente. ¿Vosotras qué tipo de TOC teníais? ¿Cómo se podría definir vuestra duda-amenaza?*

C.: Era un TOC de verificación. Teníamos que confirmar todo el rato si habíamos comprendido bien las cosas. Por ejemplo, yo te digo: «¿Te apetece un café?». Y tú me contestas que sí. Pues necesito preguntarte otra vez para cerciorarme.

M.: «Pero ¿me has dicho que sí?». Y respondes: «Sí, te he dicho que sí». Aunque parezca raro, no nos quedábamos satisfechas, así que seguíamos verificando más y más: «Pero ¿estás seguro de que me has dicho que sí? Dímelo otra vez, por favor».

R.: *Lo habéis definido superbién. Hay muchos tipos de TOC. El que conoce la mayoría de la gente es la hipocondría, pero hay cientos.*

M.: El TOC de lavarse también es muy común.

R.: *Exacto. Aquí la duda-amenaza sería: «¿Me habré infectado tocando algo?». El que vosotras tuvisteis, el TOC de verificación, es de otra familia. El más conocido de su grupo es tener que cerrar las puertas o ventanas muchas veces por las noches. La persona siente la necesidad de saber que no hay ninguna abierta. O comprobar el gas, no vaya a haber un escape. Pero luego se va a dormir y todavía está la duda:*

«¿Seguro que lo he cerrado bien?». Y entra en bucle. Vosotras tuvisteis un tipo de verificación relacionada con la comprensión: «¿Habré entendido mal lo que me han dicho?». O en el sentido contrario: «¿Me habrá comprendido?».

M.: Sí, sí, las dos cosas.

R.: *Este TOC es menos conocido, pero yo lo he tratado muchas veces. Es un rollazo increíble, porque esa duda-amenaza no acaba de irse nunca. ¿Verdad que es así?*

M.: Y hay una cosa terrible en este TOC y es que no sólo te afecta a ti, sino también a los que te rodean. Porque el que se lava lo hace él solo y es cosa suya. Pero lo nuestro es un peñazo también para los demás.

R.: *Es verdad.*

M.: Quien tiene TOC con los gérmenes se desinfecta trescientas mil veces, pero, en principio, no le afecta a nadie más. A no ser que, a lo mejor, viva con alguien y lo obligue a lavarse cada dos por tres.

C.: Yo tengo una amiga a la que le pasa eso precisamente.

M.: Con mi TOC, recuerdo que fastidiaba a los demás. Era un continuo batallón de preguntas. Y venga, venga y contéstame, contéstame. A lo mejor, la persona te decía: «¡Ya no te respondo más, que te lo he dicho cinco veces!». Y tú insistías: «Dime lo que quiero oír, que eso me tranquiliza», «¿Me has dicho que sí?»... El otro, ya superharto: «¡Sí! ¡Sí! ¡Síí!».

C.: Tu cabeza sabe lo que ha oído, pero empiezas a dudarlo y no puedes evitarlo.

R.: *Es la duda-amenaza del TOC. Entras en bucle.*

C.: Si no te lo confirman una y otra vez, te entra la ansiedad. Ahora sabemos que es justo esa ansiedad la que hay que aguantar para ir superando el trastorno.

R.: *¡Efectivamente! A lo mejor nos está escuchando alguien y esto del TOC le parece muy raro, pero es importante saber que es muy común. Recordemos que lo tiene un dos por ciento de la población, esto es, una de cada cincuenta personas. Lo que pasa es que causa vergüenza y se oculta. Uno piensa: «Ostras, creerán que estoy loco». Sin embargo, es muy frecuente y, por lo tanto, hay que hablarlo. Todos caemos en trampas mentales a lo largo de nuestra vida y no hay nada de lo que avergonzarse.*

C.: Sí. Digámoslo en voz bien alta.

R.: *Vamos a la solución, que es la parte más bonita. Vosotras hicisteis los cuatro pasos, ¿no? «Afrontar», «aceptar», «flotar» y «dejar pasar el tiempo».*

M.: Sí. Yo me centré totalmente en exponerme y batallar. Me obligaba. «¿Esto me fastidia? Pues voy a seguir haciéndolo y dejar que la ansiedad me coma».

R.: *¡Muy bien!*

M.: Y costaba, ¿eh?

R.: *Corregidme si me equivoco: el objetivo era exponerse a los peores miedos y a la ansiedad continuamente, todos los días, dale que te pego, hasta que la mente se desensibiliza y se pierde ese miedo, ¿verdad?*

H.: Sí, sí.

R.: *Ponedme un ejemplo de exposición que tuvierais que hacer.*

C.: En muchas conversaciones, antes de hablar, mi cabeza me advertía: «No digas nada, no vayas a rayarte, que seguro que empiezas con las verificaciones». Mi tarea, entonces, consistía en decirlo y, si me entraban dudas, aguantarme. En el TOC, cuanto más confirmas, más necesidad tienes de seguir confirmando.

M.: Yo, por ejemplo, llegaba a trabajar y estaba en el camerino con varias chicas: la de peluquería, la de maquillaje... A lo mejor, decía: «Ayer tuve una bronca con mi chico y me dijo que estaba haciendo tal cosa mal». Necesitaba que todo el mundo me estuviera mirando para sentir que me escuchaban.

C.: Nos daba la impresión de que lo comprendían bien sólo cuando estaban atentas a nosotras.

M.: Entonces pensaba: «Mierda, ésta no me estaba mirando, estaba con el móvil». Pues, durante las exposiciones, era capaz de decirme: «Mira, voy a pensar que me ha entendido y punto». Cogía y me iba del sitio.

R.: *¡Muy bien! Así me gusta.*

M.: Pero había veces que aguantaba y otras que no, que tenía que ir a buscarla donde estuviera y decirle: «Oye, perdona que te dé el coñazo, pero es que me ha pasado esto...». Y cuando me confirmaba que me había escuchado, yo seguía: «Pero ¿de verdad lo has entendido?». Ella: «Sí, sí». Y yo: «Repítemelo tú».

R.: *Tú sabías que la cura estaba en aguantarte.*

M.: Sí, sí.

R.: *Y en decirte algo así como: «Mira, voy a soportar la incertidumbre de no saber si esta chica me ha comprendido, aunque me escueza, y que sea lo que Dios quiera».*

M.: ¡Sí, sí, sí, sí, sí!

C.: Eso es lo más más importante: aguantarse y dejar que se pase el malestar.

R.: *Vamos a hacer un paralelismo con la hipocondría, que es el caso más típico de TOC. La persona dice: «Ostras, puede que tenga un bulto aquí». Pues tiene que aprender a decirse:*

«*Soy hipocondríaca, así que no voy a chequear nada. No voy a ir al médico. No sé si tengo una enfermedad ni lo quiero saber*». *Su mente seguirá apretándola*: «*No, no. ¿Cómo no lo compruebas? ¿Y si es un cáncer? ¡Dios mío, míratelo!*». *Pero la persona tiene que ser tajante y aguantar el malestar.*

C.: Una pregunta, ¿y si esa persona realmente tiene algo? ¿Hasta dónde uno puede considerarlo un rollo mental?

R.: *Esa persona ya ha ido al médico en las últimas semanas y éste le ha dicho que está sana. Además, cuando notamos una pequeña dolencia, un dolorcito, lo que sea, lo normal es dejar pasar uno o dos días. Oye, si se me va es que no era nada. Hay muchos dolores que son musculares y al día siguiente desaparecen. En cambio, si es una enfermedad de verdad, el dolor aumenta en los siguientes días y, al final, vas al médico. Lo que no hay que hacer es correr al hospital por cualquier cosita que encuentras o sientes. Los hipocondríacos deben tener un protocolo o dejarse aconsejar por un familiar no hipocondríaco y hacer lo que les indique.*

M.: Eso es importantísimo a la hora de tratar el TOC. Primero, no reaccionar con urgencia, sino esperar un poco, y después, como dice Xabier Soto, el maravilloso psicólogo de tu equipo: «Aprender a vivir con la incertidumbre».

R.: *¡Eso es! Qué bien habéis comprendido el mecanismo de esta neura.*

M.: Al principio, le preguntaba a Xabier: «¿Y si la persona realmente no me ha entendido?». Y me respondía: «Marisa, podemos vivir con esa duda». Con la terapia fui comprendiendo que llevaba razón.

C.: Xabier me ayudó muchísimo a mí también. El otro día, como me dio el alta, le escribí una carta de agradecimiento y le aseguré que su terapia me ha dado la vida. También su amabilidad y cercanía.

R.: *Para comprender lo que es el TOC, hay un ejemplo muy bueno. A todos nos ha sucedido que, al hacer una inversión muy importante o cambiar de trabajo, nos entran las dudas de repente: «¡Hostias! El miércoles tengo que firmar la hipoteca y no estoy seguro. ¿Es la decisión correcta? ¡Que es mucha pasta, ¿eh?! ¡A ver si estoy precipitándome!». Nos pasamos el día dándole a la cabeza y llega la noche y ya nos decimos: «Bueno, mente, ¡cállate ya! He decidido comprar y no voy a cambiar de parecer. ¡Déjame en paz!». Las personas que tienen TOC caen en esta trampa, la del cerebro que no calla, de manera mucho más frecuente.*

Oye, por cierto, tengo una pregunta para las dos: ¿ha sido duro el TOC?

M.: Para mí, este trastorno ha sido el mayor infierno de mi vida. Te estoy hablando de un infierno real. Yo no tenía sólo la mente hecha una basura, también el cuerpo. Llegué a agredirme de la frustración. Muchas veces me costaba trabajar. Hasta me volvía agresiva.

R.: *¿Y el proceso de curación ha sido muy difícil también?*

C.: Sí. Lo que pasa es que yo no lo tuve tan fuerte como mi hermana. Pero lo esencial es que se cura. Que la gente no piense que esto será para siempre. Si haces una terapia con buenos profesionales, tanto psicólogo como psiquiatra, si es que lo necesitas, se puede curar. Ahora nosotras llevamos una vida normal.

R.: *Sois una prueba más de que estos problemas se superan.*

M.: Mirándolo con perspectiva, me he dado cuenta de que el TOC lo tengo desde que nací.

R.: *Claro. Es muy común.*

M.: Lo que pasa es que, evidentemente, había grados. Hasta que llegó un momento en que el alma y la cabeza me explotaron. Un día, después del programa, les dije a mis padres: «O me lleváis a algún sitio o me mato». Así, tal cual. Esa misma noche nos fuimos a Urgencias y me ingresaron en un centro especializado. Yo pensaba: «¡Dios mío, que nadie lo sepa, esto no se puede saber!». Me agobiaba que se enteraran mis amigos o el resto de mi familia. Era una cosa horrorosa.

R.: *Es duro.*

M.: En el peor momento, les pedí a las personas que lo sabían que me dejasen sola. Es que me emociono al recordarlo. Les pedí a mis mejores amigos que no me llamaran, porque necesitaba soledad. Rafael, no quería vivir.

R.: *Qué mérito tiene que estéis dando vuestro testimonio de transformación. Indicarles la salida a otros es un ejercicio maravilloso. Quizá estamos en esta vida precisamente para eso, para ayudarnos entre todos, para aprender a amar.*

C.: Hay que normalizar el hecho de ir al psicólogo. Igual que vamos al médico porque nos duele el estómago, hemos de buscar asistencia si nos va mal la faceta emocional.

R.: *Por supuesto.*

M.: Cuando el programa tenía más éxito y todo el mundo nos decía que éramos muy simpáticas y se reían con nosotras, yo me iba a casa con un dramón tremendo. Debo darles las gracias a Yolanda Campayo, la directora ejecutiva, al director David Carmona y, en fin, a todo el equipo, porque me apoyaron a tope.

C.: Todos los compañeros nos han tratado superbién. Gracias

a ellos hemos podido conservar nuestro trabajo y llevar una vida normal.

R.: *Tengo una pregunta más para vosotras. ¿Cuánto tardasteis en alcanzar este nivel tan bueno que tenéis ahora?*

C.: Pues yo unos ocho o nueve meses, pero es verdad que empecé el proceso cuando estaba un poquito mejor.

R.: *Marisa, ¿tú cuánto tiempo estuviste trabajando a tope?*

M.: Con Xabi, más o menos un año. Me encontraba un poco mejor que hacía cuatro, pero la terapia con él, la cognitiva-conductual de exposición y los cuatro pasos, me vino genial. Ahora me siento como una persona normal.

R.: *Por supuesto que sí. Y vais a mejorar hasta el punto de que llegaréis a olvidar que un día tuvisteis este problema.*

M.: A mí ya me está pasando.

C.: Este verano he estado en mi pueblo bastante tiempo y mi madre le decía a mi padre: «Parece mentira que Cristina esté así, con lo que hemos pasado». Porque este verano realmente me he sentido bien.

R.: *¿Qué le diríais, para terminar, a alguien que haya caído en esta trampa del TOC?*

M.: Que tranquilo, que es una enfermedad muy jodida, extremadamente dura, pero tiene solución. Sólo hay que tener ganas de luchar, de trabajar y de curarse. Si te quieres curar y te guía un profesional adecuado, se cura.

C.: Lo ha dicho todo.

M.: Hay una cosa que quiero añadir, esta vez para nuestros políticos. Las enfermedades mentales no tienen ideología, no son de derechas ni de izquierdas. Yo les pido que hagan lo que tengan que hacer para que la terapia la cubra la seguridad social. Porque mi hermana y yo nos hemos podido costear un centro privado de salud mental, pero hay gente que no tiene medios para ello.

C.: Y, desde los colegios, que se enseñe a los niños que la salud mental es un tema normal que tratar y del que aprender. Que no sea tabú decir que vamos al psicólogo. Reconocer que uno tiene un problema es acercarse a la solución.

R.: *Exacto. Hay que hablarlo en todas partes, porque muchas veces ni siquiera sabemos que nuestra neura tiene un nombre y, sobre todo, una curación. Que podemos transformar nuestro cerebro. ¿Verdad?*

C.: Sí, sí, totalmente.

M.: El cerebro es un músculo.

R.: *Pues, chicas, ha sido un placer, me ha encantado vuestro testimonio, es supervalioso. Le vendrá bien a mucha gente. Os mando un beso muy grande para Madrid. Igual nos vemos pronto por* First Dates.

COMENTARIO FINAL

¡Qué bien me caen las personas con TOC! Tienen algo especial. Suelen ser especialmente buenas, cumplidoras y honestas. Marisa y Cristina son así, geniales.

Existe un eterno debate en psicología sobre si los problemas emocionales tienen un origen mental o, por el contrario, orgánico. Si tal o cual trastorno se aprende o nacemos con ello. Si se trata de un fallo del hardware o del software. Cada neura tiene sus características diferenciales que la hacen caer más en lo orgánico o en lo mental.

En el caso del TOC existe, al parecer, una predisposición y, al mismo tiempo, un aprendizaje. En mi experiencia, la predisposición es un cinco por ciento del problema, y lo mental, el noventa y cinco restante. Por eso, como el grueso del asunto es adquirido, se supera muy bien con terapia psicológica.

Hay otro ejemplo que nos puede ayudar a entender mejor esta relación entre lo orgánico y lo mental: el fenómeno del tabaquismo. En la adicción al tabaco, hay claramente un enganche físico. La nicotina crea un pequeño bicho que nos demanda que lo alimentemos con más nicotina para retirarnos la ansiedad que ella misma crea. Pero sabemos que esa dependencia física u orgánica es muy leve. En realidad, es como un resfriado ligero, una pequeña incomodidad casi imperceptible.

Pero, atención, ese bichito da paso a un bicho grande, la adicción mental, la creencia de que sin el tabaco nunca más podremos ser felices, el miedo a no disponer de esa sustancia.

¿Cómo sabemos que la parte mental es el grueso del problema del tabaquismo? Porque con terapia psicológica es muy fácil resolverlo. Una vez entrenados para comprender que no necesitamos el tabaco, que no nos proporciona nada, sólo queda el bicho pequeño, la parte física, y resulta ser una sensación muy fácil de superar.

Otra prueba es que cuando a un fumador le encuentran un problema serio de salud relacionado con el tabaquismo, de repente se hace el milagro: deja de fumar sin esfuerzo. Con frecuencia, el susto es suficiente como para eliminar el noventa y cinco por ciento de su adicción. ¿Por qué? Está claro: porque se trataba de un problema sobre todo mental.

Y en el TOC sucede lo mismo. Existe una parte heredada (fisiológica) y una parte adquirida (el miedo al pensamiento, que entra en bucle), que es el grueso del problema. Una vez eliminado el temor, el TOC deja de ser una molestia. Ya no es nada.

13

Laura, dos años de infierno superados en cinco meses

Es otra en todos los aspectos de la vida

> ¿Qué tal tratar de no ponernos nerviosos y de agarrarnos a algo cuando empezamos a sentir pánico?
>
> PEMA CHÖDRÖN

Laura vive en Salamanca y es una joven estudiante de Logopedia. Tuvo ataques de ansiedad cuyo principal síntoma eran los mareos muy intensos, salvajes. En un momento dado, le afectaban tanto que dejó la universidad y su vida se achicó cada vez más. Al final, no podía ni sentarse en un banco con su novio. Todos los días sufría esa fuerte molestia y ni siquiera descansaba bien, porque, para colmo, cayó en el insomnio. Dormía una media de tres horas. Esa pesadilla le duró casi dos años.

Tras leer *Sin miedo,* se aplicó una decidida autoterapia y fue desensibilizándose hasta darle carpetazo al temor. Cuando grabamos el testimonio para YouTube, hace un año ahora, estaba recuperada en un noventa y cinco por ciento y sentía que había hecho el mejor aprendizaje de su vida.

Ya hemos visto que la clave del método conductual es ser intenso en las exposiciones. Laura, de hecho, decoró el salvapantallas de su ordenador con los cuatro pasos: «afrontar», «aceptar», «flotar» y «dejar pasar el tiempo». De esa forma, todos los días se recordaba a sí misma que su prioridad en la vida era recuperarse.

También explica que «lo que más me ayudó fueron los testimonios». Esto es, comprobar que el método ha funcionado en decenas de personas a las que podía poner cara. Después supo que, en realidad, esta transformación la han llevado a cabo millones de personas en todo el mundo desde hace décadas.

En ese sentido, un buen ejercicio es ver cada día uno de los testimonios colgados en mi canal. Y mirarnos todo tipo de vídeos, tanto de ataques de pánico como de TOC, para comprobar que la salida es siempre la misma: exponerse y perderle el miedo al miedo. Además, ver casos diferentes es muy recomendable, porque así nos damos cuenta de que es una problemática muy extendida. No somos bichos raros, sino seres humanos normales que han caído en una trampa mental.

El síntoma del que nos habla Laura al inicio, la sensación de adormecimiento en la cara, puede parecer extraño, pero es habitual. Muchas veces la persona siente que se le adormecen brazos o piernas. O, incluso, que una especie de descargas eléctricas le traspasan la cabeza. No hay que asustarse por ello. La mente puede ser muy creativa a la hora de producir síntomas. Lo correcto es acudir al médico para que compruebe que no tenemos ninguna alteración orgánica y, después, ocuparse de ello con los cuatro pasos. Con toda la fe y la perseverancia que podamos reunir. Recordemos: es algo que haremos por nosotros mismos y por los demás.

Se trata de un trabajo análogo al que hacen los meditadores budistas. Por eso, cada capítulo de este libro se inicia con una cita de mi querida Pema Chödrön, la famosa monja budista norteamericana.

Exponerse al miedo es como ir a la batalla, donde campan la muerte, el desastre, el dolor, la confusión y el caos. Hay que pasear por el lugar, entre cadáveres, cráteres humeantes y brumas inhóspitas. Encontrar un espacio interior cómodo, que sólo se consigue tras un ejercicio de profunda aceptación.

Cuando se toca ese estado mental, nos invade una especie de sabiduría trascendental, la comprensión de que todo está siempre bien. De que existe un orden superior al caos que parece percibirse ahí abajo. Es la misma experiencia espiritual de la que hablan las diferentes corrientes religiosas.

Podemos entender esta práctica conductual, si queremos, como un ejercicio espiritual de autoconocimiento, de indagación en el funcionamiento de la mente. Se trata de experimentar la liberación que da el saber que nuestras producciones mentales —pensamientos y emociones— no son más que humo.

RAFAEL: *Cuéntanos, ¿qué problema tenías?*
LAURA: En 2018 murió mi abuelo y me hicieron una reducción de estómago. Con esas dos preocupaciones, supongo que me aumentó tanto el estrés que me empezó a dar ansiedad de una forma bastante particular: se me dormía la mitad de la cara. Lo pasaba fatal. Llegué a ir a Urgencias,

porque pensaba que me estaba dando algo. Y en 2019, mientras tomaba un café con mis padres, de repente me mareé como jamás en mi vida.

R.: *Un supermareo.*

L.: Sí. Vamos, como no me había mareado nunca. No lo sé describir, me sentí horrible. Fui al baño y me mojé la cara. Sí que es verdad que yo sufro de mareos cervicales, pero eso fue desproporcionado, nada parecido. Como no podía aguantarlo, tuve que pedir a mis padres que me acompañaran a casa. Iba agarrada a ellos, con uno a cada lado, porque no era capaz de andar. Y, a partir de ahí, empecé con muchísima ansiedad todos los días. No dormía por las noches. Me mareaba y sentía palpitaciones y demás. Fatal.

R.: *¿El principal síntoma en ese momento, lo que más te fastidiaba, era el mareo?*

L.: Lo peor de este calvario ha sido el mareo, sí.

R.: *En general, el síntoma más típico de los ataques de ansiedad gira en torno a sensaciones en el corazón, por ejemplo que vaya muy deprisa o duela el pecho. El segundo, mareos o vértigos. El tercero, dolor de estómago. Son los tres más frecuentes. Pero luego hay una variación enorme, porque, en realidad, son sensaciones que inventa tu propia mente y puede producir lo que quiera. Si no has tenido nunca ansiedad, pensarás: «Un mareo es sólo un mareo. Tampoco puede ser tan fuerte». Por ejemplo, hace poco fui en barco y se me revolvió el estómago. Lo típico. Pasa muchas veces y te aguantas. Te sientes como enfermo, tienes ganas de vomitar, estás deseando llegar a tierra… pero después se te pasa y ya está. El mareo ansioso, en cambio, es mucho más, ¿no?*

L.: Sí. Es muchísimo peor. Ya te digo que he tenido mareos cervicales y me han tenido en Urgencias en silla de ruedas porque no podía ni ponerme de pie, y los mareos de la ansiedad son, en comparación, horribles. Te causan una inestabilidad... Sentía que me caería en cualquier momento, que me desmayaría.

R.: *¿Y por qué no podías conciliar el sueño?*

L.: Se me desbordó todo y era imposible dormir. Al principio de la noche cogía el sueño, pero hacia las tres de la mañana me despertaba con ansiedad. Parecía que me estaban oprimiendo el pecho y me faltaba el aire. Y ya me quedaba despierta.

R.: *Esos mareos y demás, ¿cada cuánto los sufrías?*

L.: ¡Todos los días!

R.: *¿Cuánto tiempo duró el problema?*

L.: Casi dos años.

R.: *¿Tomaste fármacos? Porque seguro que te los recetaron.*

L.: Fui al médico de cabecera, porque no tenía ni idea de qué me estaba pasando, aunque intuía que se relacionaba con la ansiedad. Me recetó algo, no sé si ansiolíticos o antidepresivos. Le agradezco que me comentara: «Laura, yo quiero que pienses que esto es una muleta. Te ayudará. Pero tienes que hacer algo para cambiar tu mente». Me dijo que, si me veía muy mal, me los tomara, pero yo soy muy antipastillas y los guardé. Y por ahí están.

R.: *Entonces te dio tranquilizantes, que es lo más típico. ¿Qué más me cuentas? ¿Qué sucedió?*

L.: Empezó la pandemia y todo se multiplicó por trescientos. Empeoró muchísimo. Cuando ya pudimos salir, todo se volvió muy negro, porque era incapaz de pisar la calle, ir al supermercado, conducir... Me montaba en el coche y me paralizaba, me ponía a temblar, me daban ataques de ansiedad enormes. Al final, afectaba a todos los aspectos de mi vida, a absolutamente todos.

R.: *¿Por ejemplo?*

L.: Ir a la universidad, imposible. Un día, en medio de una clase, tuve que levantarme y marcharme corriendo, porque me estaba dando un ataque brutal. Ir al supermercado o centros comerciales, imposible. Incluso estar en un parque sentada con mi pareja, imposible.

R.: *¿Cómo nos descubriste?*

L.: Aquel verano estaba siendo horrible y no entendía qué me ocurría. Busqué por internet y encontré tu libro *Nada es tan terrible*. Lo leí y me gustó muchísimo, pero, tal como estaba, ese enfoque tan positivo de la vida me pareció irrealizable. Otro día, yendo por Carrefour, encontré *Sin miedo*. Nada más verlo, me dije: «¡Esto es lo que necesito, éste sí va sobre la ansiedad!». Me lo compró mi pareja y fue mi salvación.

R.: *¡Qué bueno! Entonces, ¿te lo empezaste a aplicar?*

L.: Sí. La verdad es que «afrontar» se me hizo difícil, pero «aceptar» fue lo más complicado. Trabajé desde el primer día. Lo que más me ayudaba era ver que a mucha gente le había funcionado. Fue fundamental.

R.: *¿Y qué tipo de afrontamientos hiciste?*

L.: Pues el más fuerte... ir a la universidad.

R.: *¿Te propusiste ir cada día?*

L.: Sí, todos.

R.: *¿Cómo fue al principio?*

L.: Horrible. No lo puedo olvidar, porque fue horroroso. Iba a la universidad sabiendo que la ansiedad iba a aparecer, obviamente, y que tenía que aceptarla. Fue cuestión de tener fe en que ese fuego me curaría. Tenía incluso los cuatro pasos escritos en el fondo de pantalla del ordenador. Pero te aseguro que fue muy duro. Mi pareja me ayudó muchísimo. Las primeras veces, se quedaba cerca de la universidad con el coche, por si acaso en algún momento lo necesitaba. Además, ese año me tocaban las prácticas en una cámara de Gesell, con un paciente real y toda la clase mirándome. Me daba pánico la posibilidad de tener que marcharme y dejar plantado al paciente. Fue muy duro, pero, a la vez, empoderaba.

R.: *¡Muy bien! ¿Y ahora cómo dirías que estás de cero a diez?*

L.: Un nueve y medio. No me doy el diez por poco.

R.: *Vale, veamos qué significa eso de forma cualitativa. Por ejemplo, ¿ahora te dan ataques de ansiedad o vértigos?*

L.: Desde hace meses, sólo he tenido un amago. Fue hace como tres semanas, yendo a la plaza Mayor de Salamanca, que está muy bonita con las luces de Navidad. No había nadie, así que decidí sacarme una foto y en ese momento noté algo, pero lo controlé. Al final, yo pienso que la ansiedad tiene que estar con nosotros, como los nervios antes de un examen. El problema es que cualquier cosa la sentía peligrosa. Creo que es importante que sepamos decirnos en ciertos momentos de tensión: «Vale, ansiedad, has venido, pero tan pronto como vienes, te vas». Es muy reconfortante ver que se acerca el amago y rápidamente se marcha.

R.: *¿Ahora qué tal duermes por la noche?*

L.: ¡Muy bien!

R.: *Y sobre conducir, ¿qué me dices?*

L.: Sin problema. Lo único que todavía no he hecho es conducir por la noche o por la autovía, pero porque no se me ha presentado la oportunidad. Es una de las cosas que aún tengo que hacer.

R.: *Estoy seguro de que será pronto y te sentirás genial. Antes me comentabas que es muy importante tener fe en el método. Sin embargo, hemos de meter la mano en el fuego y dejarla allí achicharrándose. Eso es muy difícil. ¿De dónde sacaste esa fe?*

L.: Me ayudaron mucho los testimonios, tanto los del libro como los de YouTube. Me decía: «Si ellos han podido, yo también». La ansiedad te advierte todo el rato de que te marches, pero tú tienes que quedarte y replicar: «De aquí no me muevo, porque si afronto y acepto, mejoraré. Venga, ¡que todos lo están consiguiendo!».

R.: *Exactamente. Y la aceptación, que es el paso más difícil, la podemos definir así: «Vale, esto es lo que hay, tengo que quedarme en este sitio. Debo vivenciar todo lo que estoy experimentando. Es bueno para mí. Me abro por completo y es lo que hay, que dure lo que tenga que durar». Eso es lo más difícil, ¿verdad?*

L.: Sí. Es muy complicado, porque tienes que aceptar algo que no quieres realmente. Y pensar: «Vale, acepto que ahora soy así. Antes podía exponer en público o conducir, pero la cosa ha cambiado, ya no soy esa Laura». A mí me parece que es lo más importante, admitir que tienes que aprender a ser de otra forma.

R.: *Exacto.*

L.: Como fue lo que más me costó, inventé mil trucos. Por

ejemplo, le puse nombre a la ansiedad: Pepe. Cuando me acercaba, por ejemplo, a una tienda, caminaba más lento y me decía: «Bueno, Pepe, ya estás aquí. Has venido a pasar un rato conmigo. Quédate el tiempo que necesites. Yo no me voy a marchar».

R.: *¿Cuánto has tardado desde que te pusiste a trabajar con los cuatro pasos hasta alcanzar este nivel de nueve y medio?*

L.: Pues yo diría que han sido cuatro o cinco meses, porque en junio empecé a leer el libro y en julio ya puse en práctica todo. Hacia octubre se hizo el milagro y fue desapareciendo. Es que ni me lo creía. Me decía: «No puedo creer que esté aquí conduciendo o en la universidad y que no haya venido Pepe». ¡En cuatro o cinco meses logré pasar del cero al nueve!

R.: *¿Tuviste alguna recaída en esos meses? ¿Algún momento en que dudases del método?*

L.: Sí. Cada vez que tenía la regla, me daba el bajón y me entraba la ansiedad. Llevaba todo el mes sin darme ni siquiera un amago y pum, sabía que estaba a punto de venirme el periodo porque me sentía ansiosa. Eran picos, no ataques. Pero, bueno, fui entendiendo que tenía que activarme, hacer cosas y ya. Y sí, algunas veces creía que no lo iba a conseguir. Pensaba: «¡No lo estoy haciendo bien!».

R.: *Claro, es normal dudar, porque, hasta que obtienes resultados, estás ahí dándole y dándole y parece que tu mente sólo te devuelve palos. Sin embargo, tu mente está trabajando, aceptando, transformándose. Lo que pasa es que todavía no lo notas. Eso puede durar muchos meses, no sabemos cuántos. Pero lo que debemos tener claro es que la curación es matemática, sucederá. Porque la mente funciona así, es la dinámica del cerebro. Hay que ser perseverantes y decirse a uno mismo: «Tengo que acabar el proceso. Y tampoco tengo otro remedio, así que, ¡a continuar!».*

L.: Sí. Totalmente. No te puedes rendir. En las recaídas es importante pensar: «Todo lo que he trabajado no puede ser para nada. Va a tener su recompensa. Vale, estoy peor, pero ya estaré mejor. ¿Cómo voy a rendirme ahora?».

R.: *En este momento, ¿cómo te encuentras de optimismo, de alegría vital?*

L.: Muy bien. Siento que, además, este proceso me ha ayudado en otros aspectos. Antes, cualquier problema, por pequeño que fuera, era horrible. Ahora siento que ya no me ahogo en un vaso de agua. Este trabajo sirve para todo, no sólo para los ataques de ansiedad, sino para cualquier situación negativa que genere estrés.

R.: *Y, además, te dices: «¡Ostras, qué diferencia! Ahora puedo disfrutar de la vida».*

L.: Sí, total. No poder ni ir a tomar un café es muy duro. Mi ansiedad ha sido muy rumiante. Si quedaba en una cafetería con una amiga para dentro de cinco días, me tiraba esos cinco días pensando: «Me va a suceder, lo voy a pasar mal, me marearé». Cuando llegaba la cita, me pasara o no, no la disfrutaba. Era muy frustrante.

R.: *Es una pelea constante con tu propia mente, ¿no?*

L.: Sí, supercansada, además. Recuerdo mirar a la gente y decirme: «¿Cómo hacen para tomarse aquí un café a gusto?». No sé, hasta lo más básico no sabía llevarlo a cabo.

R.: *Ahora que eres del grupo de las personas tranquilas, ¿qué tal se está aquí?*

L.: Genial. Me quiero quedar y no volver jamás a la ansiedad.

Además, nadie te entiende, les cuesta comprender qué te ocurre. Ven muy raro no poder ir a comprar el pan o dar un paseo.

R.: *No lo entienden porque lo que te ocurre es irracional. Debes decirte: «Lo voy a superar y punto. Me voy a encargar de ello. No pienso permitir que me suceda. Sólo depende de mí. Lo superaré y estaré supersatisfecha de haberlo logrado».*

L.: Pero también es de gran ayuda saber que estos problemas afectan a más personas. Yo tardé mucho en descubrir que el mareo podía ser un síntoma de la ansiedad. Antes había intentado de todo: ir al fisio, porque pensaba que eran los mareos cervicales, cambiar de almohada, ponerme un aparato para el bruxismo... Pero nada me sirvió, claro.

R.: *Laura, te agradezco un montón tu testimonio. Es muy guay, porque lo has hecho muy bien y muy rápido. Lo has entendido todo a la perfección.*

L.: ¡A ti sí que te tengo que agradecer yo!

COMENTARIO FINAL

Laura hizo un aprendizaje maravilloso. Ella misma dice que ahora es otra persona, mucho más fuerte: «Ya no me ahogo en un vaso de agua». Y es que esta transformación afecta positivamente a todos los ámbitos de nuestra vida. La relación con las emociones negativas cambia y ya no vuelven a incordiar como antes. Ninguna de ellas: ni el estrés, ni la vergüenza, ni la ira, ni el aburrimiento...

Cuando contacté de nuevo con Laura, un año después,

para pedirle permiso para incluirla en este libro, tuvimos un pequeño diálogo por WhatsApp:

Rafael, es un honor y un placer formar parte
de esta nueva selección de testimonios.
Quiero que sepas que ahora vivo en Madrid
con mi pareja, trabajo como logopeda
y ¡voy a ser mamá!

> ¡Guau! ¡Felicidades!

Te agradezco mucho todo lo que haces por
la gente, porque, de verdad, esto también
es gracias a ti.

> Todo el mérito es tuyo, hiciste
> un trabajo fantástico.

Sin este aprendizaje, habría sido imposible
venirme a una ciudad tan grande, encontrar
un trabajo tan bonito y quedarme embarazada.

> Eres un amor. ¿Estás contenta?

Estoy muy contenta. Mi vida es cien por cien
mejor.

Laura transformó su mente a nivel global. Y es que, sin miedo, sin emociones negativas exageradas, llega la paz mental y, con ella, las ganas de disfrutar y emprender bellas aventuras. La buena vida a la que estamos llamados a vivir.

14

Víctor, un médico
entrenando fortaleza mental

Dos meses para superar un TOC de toda la vida

> Existen tres métodos para relacionarnos con las circunstancias difíciles haciendo de ellas un camino de despertar y alegría. Al primer método lo llamaremos no más lucha; al segundo, usar el veneno como medicina; y al tercero, contemplar cualquier cosa que surja como sabiduría iluminada.
>
> PEMA CHÖDRÖN

Víctor es un joven médico almeriense, alto y en gran forma física. Le gusta practicar deporte e impresiona por su aspecto. Pero más por su alegría vital. Se ve de primeras que es una grandísima persona. Tiene buenos planes para su futuro profesional y vital.

Según él mismo explica, tuvo «muchos TOC» durante toda su juventud. Pero, pese a ese hándicap, consiguió la excelencia en los estudios y, sobre todo, mantener la pasión por la vida.

Al acercarse a los treinta años, descubrió, gracias a la lectura de *Sin miedo,* que existía un entrenamiento para transformar por completo su cerebro.

Hace un par de años contactó conmigo porque quería contribuir a la cadena con su testimonio. Deseaba ayudar a otros que estuvieran en su misma situación. Grabamos nuestra conversación en septiembre de 2021 y, partir de ahí, nos hemos hecho buenos amigos. Siempre que me acerco por su tierra, echamos un rato juntos.

Recuerdo que un día, tomando un café, me comentó lo importante que había sido para él el segundo paso del método: «aceptar». Un día muy difícil, durante su proceso de transformación, se imaginó a sí mismo frente a la ansiedad, como si ésta fuera un monstruo gigantesco. Se arrodilló, haciendo una solemne reverencia. Por supuesto, se trataba de un ejercicio mental, pero de gran significado para él. Y le dijo al monstruo: «Aquí estoy, haz lo que quieras conmigo, me rindo por completo. Para siempre». A partir de ahí, su proceso de curación fue rápido y espectacular.

Como decía, me he encontrado con Víctor en varias ocasiones después de nuestra charla y cada vez me comenta nuevas mejoras. Día tras día, se siente más fuerte, pletórico, más lleno de ilusión por la vida. De ese nueve con ocho que se daba de nota en esta conversación, ya está rozando el diez con los dedos.

RAFAEL: *¿Qué tenías tú, amigo mío? Cuéntanos.*
VÍCTOR: Todos los TOC habidos y por haber. Me doy cuenta de que, desde pequeño, tenía tendencia a ellos, pero, alucina, ¡yo no sabía que eran TOC! No hasta leer tu libro, hace un año.

R.: *No es nada extraño. Es común que el TOC se inicie en la infancia y que uno no sepa que tiene un nombre y que se puede superar. Explícanos algunos de esos trastornos.*

V.: Tuve el llamado TOC de amores o relacional, que te hace preguntarte: «¿Y si no amo a mi pareja?». Empiezas a darle vueltas a la cabeza todo el santo día. Hasta el punto de dejar la relación por agotamiento mental. Y, claro, eso me pasaba a mí con todas las chicas.

R.: *¡Ah, el relacional es un clásico! La duda-amenaza de tu TOC era: «¿Y si no me gusta mi novia?», «¿Y si me quedo encerrado en una relación inadecuada?», «¿Y si estoy perdiendo el tiempo?». Es una incertidumbre imposible de resolver, entre otras cosas porque es una duda irracional. Además, la persona tiene compulsiones diferentes. Una de ellas es razonar si tu pareja te gusta o no con las pruebas que hay a tu alcance. Te preguntas todo el tiempo «¿Qué siento hoy?» para resolverlo definitivamente. Pero nunca lo zanjas, ¡es imposible! Hasta que uno opta por mandar la relación a tomar viento. En ese momento, te calmas. Ese TOC en concreto desaparece cuando ha desaparecido la relación, pero queda la mentalidad sobre el tema.*

V.: Totalmente. Y te sientes raro e incomprendido, porque la gente no entiende que te comas el coco por eso. Cuando les dices al resto que tienes TOC, siempre piensan en el de los gérmenes, pero hay muchos otros y pueden ser bastante extraños, la verdad. Hay que confiar en el sistema. Tienes que ser científico y pensar que, si se han curado millones de personas con este tratamiento, tú también lo puedes hacer. Yo soy una prueba más de ello.

R.: *¿Qué otros TOC experimentaste?*

V.: Tuve uno existencial, que se definiría así: «¿Y si me reencarno y me toca una vida de tortura?». Una especie de castigo en otra vida. A los creyentes con TOC es muy fácil que les entren pensamientos relacionados con el más allá.

R.: *¿Y cómo fue el inicio de tu recuperación?*

V.: Pues un día estaba caminando por la calle, con la cabeza llena de TOC, agobiado como siempre, cuando vi en el escaparate de una librería *Sin miedo*. Me dije: «¡Anda! Un nuevo libro de Rafael Santandreu. ¡Y sobre las obsesiones, lo que me pasa a mí!». Me lo compré de inmediato y, tras leerlo, puse nombre a lo mío: «¡Es un TOC como una puñetera catedral!». A partir de ahí, me puse a trabajar y trabajar, ¡y todo cambió!

R.: *¡Qué descubrimiento!*

V.: Mi autotratamiento para el TOC existencial consistió sobre todo en visualizar que me torturaban. Que me abofeteaban, que me pegaban, que me hundían la cabeza en un barreño y no me dejaban respirar, que me cortaban con una sierra. Cosas muy locas, muy duras. También veía vídeos de torturas medievales. Con eso te pones malo. Ves los vídeos y te tienes que imaginar que te lo están haciendo a ti. Y debes aguantar, quedarte ahí, delante de la pantalla, sientas lo que sientas.

R.: *Guau. Se trata de meterse en ese universo de ansiedad y aceptarlo todo, ¿no? Pensar: «Ésta es la cura, la medicina. Que sea lo que Dios quiera. Aceptaré lo que venga, aunque sea por agotamiento».*

V.: Lo mejor es que cuando superas el TOC le pierdes el miedo a todo. Te inmunizas contra el temor.

R.: *Lo malo de tener un trastorno de este tipo es que se sufre mucho. Pero lo bueno es que tienes la oportunidad de convertirte en una persona libre y muy feliz.*

V.: Se pasa asquerosamente mal, porque te tienes que exponer a tu peor miedo y experimentarlo, que te llegue la ansiedad hasta el tope. Y no puedes rumiar ni permitir las compulsiones. Debes acostumbrarte a vivir con la incertidumbre.

R.: *Sí. El cambio es muy duro, pero al final del camino alcanzas la serenidad, la fortaleza mental.*

V.: Yo soy la prueba. Tenía pensamientos del tipo: «¡No me voy a curar nunca! ¡Cómo me castiga la vida con esto!». Pero se supera. Y cuanto más intenso seas en tu tratamiento, mejor. El TOC es muy obsesivo, pero más lo puedes ser tú a la hora de cargártelo.

R.: *Has tardado muy poco en curarte porque has aplicado muy bien la técnica.*

V.: Sí, menos de dos meses. Pero yendo a tope, ¿eh?

R.: *¿En qué nivel te pondrías ahora mismo de cero a diez?*

V.: Hoy, nueve con ocho, tirando a diez. Sólo me queda que pase un poco más de tiempo, algún coletazo y ya.

R.: *¡Qué bien!*

V.: Rafael, me gustaría decir un decálogo de ideas que me han servido a mí para superar el TOC. ¿Puedo?

R.: *¡Claro!*

V.: Primero, no eres débil o tonto por tener TOC. Yo soy médico y me ha dado esta neura. Le puede pasar a cualquiera. Al revés, eres fuerte, porque has soportado el malestar durante mucho tiempo.

Segundo, cuanto más intensa sea la exposición, mejor. Incluso macabra. Yo he hecho exposiciones superduras, pero así he conseguido desactivar los pensamientos. Ten fe y ponte al lío.

Tercero, cuando estés mal, verás mermadas tus facultades, quizá estarás a un sesenta o setenta por ciento de tu capacidad de rendimiento en la vida. No te exijas más. No te castigues por ello. Paciencia y a seguir trabajando.

Cuarto, usa mantras. Son muy poderosos. Yo me decía una y otra vez: «Soy fuerte, soy valiente...», «Puedo superarlo, puedo superarlo». Si tienes el deseo de dar rienda suelta a las compulsiones, piensa: «Hoy no, quizá mañana. Hoy no, quizá mañana».

Quinto, imagínate estando ya bien del todo y feliz. Superar esto te hará más sereno, perder miedos, tener mejores relaciones. Visualizar el objetivo te dará ánimos.

Sexto, no te pongas como meta no tener ningún síntoma, sino perder el miedo al miedo. Yo, por ejemplo, ahora mismo puedo tener un pensamiento obsesivo y no pasa nada, lo ignoro y en unos segundos se va.

Séptimo, no te permitas las compulsiones. Es esencial que no respondas defendiéndote, que no compruebes, que no evites. Tienes que vivenciar la ansiedad a tope, sin defensa, con rendición.

Octavo, no dialogues con tu mente y menos si tu TOC es puro. No razones. Tan sólo soporta la ansiedad.

Noveno, vas a tener recaídas. Es normal. No te desanimes. Sigue y sigue. Tienes que intensificar la exposición.

Décimo, confía en la magia. El cambio se producirá y será como si te hubiesen regalado un cerebro nuevo.

COMENTARIO FINAL

Todos los que superan la ansiedad con este método se transforman de una manera global. Cada vez que veo a Víctor lo encuentro más pletórico. Está acabando su especialidad como médico endocrino y disfruta de cada minuto de su trabajo. Es una persona entusiasta, con unas ganas enormes de ayudar a los demás y contribuir a mejorar el mundo.

Como dice él, para superar el TOC es necesario dejar las compulsiones, que, por cierto, son una parte fundamental de este trastorno. Es decir, siempre se hace algo para huir del malestar, ya sea una acción o un pensamiento. Por ejemplo, en el TOC existencial la persona suele argumentarse a sí misma: «Sí que debe de existir un más allá, porque mucha gente inteligente cree en ello», «Hay millones de creyentes en el mundo, seguro que sí hay otra vida»... Y ha de dejar de hacer eso. La cura está en sostener la ansiedad sin tocarla y acostumbrarse a ella.

Algunos especialistas comparan el TOC con una adicción en la que la sustancia adictiva es la compulsión. Es un requisito obligatorio que la persona deje de tomar la droga, ¿verdad? Pues la persona con TOC tiene que cortar de raíz las compulsiones si quiere acercarse a la curación.

El método de los cuatro pasos no sólo sirve para estos trastornos, los ataques de ansiedad y la hipocondría. También funciona con muchos otros problemas, como la timidez.

Muchos jóvenes tímidos me han dicho: «Rafael, qué suerte tienes de ser extrovertido». Y yo replico: «¡No, no! Yo no fui siempre así. Cuando tenía tu edad, también era tímido».

Esos chicos se suelen sorprender, porque creen que todas

las personas extrovertidas nacieron así y no es cierto. Yo mismo recuerdo perfectamente el día en que decidí ponerle remedio a la timidez. Pensé: «No quiero ser así. Es hora de espabilarse y aprender a relacionarse». Puse en marcha una especie de curso personal de habilidades sociales. Debía de tener trece o catorce años. Me fijaba mucho en mi madre, que hablaba con todo el mundo. La acompañaba al mercado y observaba qué tipo de bromas hacía y cómo reaccionaban los tenderos.

Al poco tiempo, ya estaba yo haciendo alguna intervención cada vez que encontraba la ocasión. En el colegio, empecé a levantar la mano en clase y a explicar anécdotas personales a mis compañeros. Guau, la cosa marchaba: la gente estaba encantada conmigo y, todavía mejor, yo me sentía genial siendo así. Me gustaba mi nuevo yo, libre y dicharachero.

Pero, claro, las primeras veces que fui el centro de atención sentí vergüenza, temor a hacerlo mal. Pese a todo, continué. Afronté y acepté cada día durante meses y, en un lapso de un año, ya era una persona diferente. En dos o tres, me convertí en el tipo simpático y amante de la vida social que soy ahora.

Ten fe, querido lector. Cientos de miles —o millones— hemos recorrido el camino que tú vas a emprender. Estamos juntos en esto.

15

Francesca, catorce años de pesadilla y cinco meses de trabajo para alcanzar la libertad

Es otra persona, su cabeza es distinta

> La práctica meditativa es nuestra forma de dejar de luchar contra nosotros mismos, de dejar de luchar contra las circunstancias, emociones y estados de ánimo.
>
> PEMA CHÖDRÖN

Este testimonio es muy inspirador. Francesca tuvo, durante más de catorce años, una hipocondría intensa que le hacía la vida imposible. Se sentía exhausta. Había probado muchas terapias y remedios —psicólogos, psiquiatras, fármacos...—, con muy escaso resultado. Pero la metodología de los cuatro pasos lo cambió todo.

Tan agradecida está a este trabajo y a su terapeuta que se tatuó su nombre en la piel. Encontró la llave que abría la puerta de su prisión y por fin pudo escapar, liberarse.

Francesca es madre de dos hijos y vive en un hermoso pueblo del Pirineo catalán. Hizo terapia con uno de los psicólogos de nuestro equipo de Barcelona, Claudio López.

En nuestra conversación, Francesca y yo hablamos de un

tema que me parece muy importante y que no me cansaré de repetir: todo el mundo puede caer en un trastorno ansioso. No hay que sentirse mal por ello.

En ese sentido, recuerdo el caso del director de una gran empresa con el que trabajé en una ocasión. Fernando tenía cuarenta y dos años y, desde hacía mucho, comandaba un imperio comercial con más de cuarenta mil empleados. Vivía en una mansión y viajaba en avión privado. Es una de las personas más inteligentes y resolutivas que he conocido, acostumbrado a tomar decisiones importantísimas sin despeinarse.

El hermano de Fernando había muerto de un infarto y algo quedó grabado a fuego en su inconsciente. A los tres meses, tuvo una crisis de ansiedad que imitaba los síntomas de un ataque al corazón. Desde entonces, la sintomatología fue aumentando hasta el punto de no poder asistir a una reunión sin empezar a sudar, sentir palpitaciones y, literalmente, entrar en pánico.

Pese al panorama, Fernando no dejó de atender todos los compromisos de su exigente posición, pero las pasaba canutas. Cada día sufría uno o dos ataques y no entendía nada. ¿Qué narices le estaba pasando? ¿Dónde quedaba el campeón que siempre había sido?

Con la ayuda de la terapia, Fernando aprendió a desensibilizarse y ahora, liberado de esa carga, financia varias asociaciones que trabajan por la salud mental.

Si Fernando tuvo ataques de ansiedad, todo el mundo puede padecerlos. Pocas personas existen más capaces, vigorosas y valientes que él. Lo era antes de los ataques, durante y ahora. Los trastornos de ansiedad no tienen NADA que ver con ser fuerte o débil, listo o tonto, capaz o incapaz, sino con ser humano. Solucionarlos, también. La mejor forma de hacerlo es, de hecho, apoyándonos en otros. Por eso estamos construyendo esta cadena de testimonios en torno a *Sin miedo,* para darnos las manos y quedarnos los unos junto a los otros.

RAFAEL: *Cuéntanos, Francesca, ¿qué te pasaba a ti?*

FRANCESCA: Todo empezó a raíz de que mi abuelo sufriera un cáncer. Eso me causó mucho estrés e imagino que los nervios salieron por ahí. Comencé con una sensación de ahogo muy fea, como si tuviera un tapón en la boca del estómago. Me asfixiaba. Después no podía tragar las comidas, se me hacía un nudo en la garganta y los alimentos no me bajaban. Incluso me acuerdo de que mi madre me hacía todo triturado para facilitarme que comiera. Así fue pasando el tiempo y, de repente, me empecé a obsesionar con cualquier dolor o malestar. Si, por ejemplo, me dolía la espalda, me comía el coco con eso: «No he hecho ningún esfuerzo, no he ido al gimnasio, no hay motivo para que me duela... ¡Maldita sea, esto debe de ser algo malo de verdad!». Ya me imaginaba un cáncer. Pero ¡era todos los días! Me levantaba y me iba a dormir con el mismo pensamiento. Si no era la espalda, eran los ovarios o el pecho. Ah, y no me bastaba sólo con pensar. Mi vida era comprobación tras comprobación las veinticuatro horas.

R.: *¿Cómo las hacías?*

F.: Si tenía molestias en el pecho, entraba expresamente al baño, me desnudaba frente al espejo y buscaba alguna anomalía, comprobaba si estaba rojo... Era tanta mi desesperación que me iba a Urgencias y le comentaba al médico: «Seguro que tengo algo, porque me lo veo hinchado».

Y, Rafael, no era así, pero mi mente se lo creía. El médico me aseguraba que no tenía nada, pero ni así me quedaba tranquila. Necesitaba confirmar que me estaba diciendo la verdad. Durante muchos años mi vida ha sido así.

R.: *¿Cuántos años dirías?*

F.: Unos catorce.

R.: *Catorce con una fuerte hipocondría, con miedo irracional a las enfermedades. Ya sabes que nosotros lo consideramos casi siempre un TOC, porque te enganchas en bucle a una duda-amenaza: «¿Y si estoy enfermo?».*

F.: El puñetero «¿Y si...?».

R.: *¿Era duro lidiar con ello?*

F.: ¡Era un sinvivir! Recuerdo que, cada dos meses, iba al psiquiatra a que me diese algo más. Le pedía que, por favor, me aumentara la dosis de las pastillas, porque no quería vivir más así. Sólo me apetecía estar dormida, no enterarme, que pasara el tiempo rápido. Para mí, cada día era un sufrimiento: comprobaciones continuas, dolores nuevos... Además, Rafael, no sólo era hipocondríaca conmigo, también con mis hijos.

R.: *Sí. Es una neura que se puede trasladar al entorno. Ahí se complica, ¿verdad?*

F.: Eso sí que es duro. Por ejemplo, el momento de duchar a mis hijos implicaba, sí o sí, hacerles una radiografía visual para verificar que estaban bien, que todo era normal en su cuerpo. Incluso veía cosas, manchas, que los pediatras no captaban. Las detectaba primero yo, pero, vamos, que al final tampoco eran nada.

R.: *Por cierto, supongo que el psiquiatra te daba medicación para la ansiedad. ¿Qué tomabas?*

F.: Un antidepresivo llamado citalopram, que aún continúo con él, pero ya hemos ido bajando la dosis, y un ansiolítico, Orfidal, para relajarme. Podía tomar uno cada hora, porque ya no me hacía mucho efecto.

R.: *Ibas drogadilla...*

F.: Sí, sí. Yo le decía al psiquiatra que lo necesitaba para poder estar tranquila. El miedo se había apoderado tanto de mí que me era imposible vivir sin angustia.

R.: *Te entiendo. Aunque eso suele ser también un fastidio, porque tanto ansiolítico te deja hecho polvo.*

F.: Estás dormida por completo.

R.: *Encima, pese a todo, sigues teniendo esos temores.*

F.: Sí, sí. Te baja la ansiedad, no estás tan nerviosa, pero el pensamiento continúa.

R.: *Tu vida llegó a ser un peñazo hasta el punto de que decías: «No quiero vivir así».*

F.: Claro, y se lo comentaba al psiquiatra. Fíjate, yo no me arrepiento de haber tenido a mis hijos, todo lo contrario, pero era tal la desesperación que me preguntaba: «¿Por qué los tuve?». A cada rato, interrumpía lo que estaba haciendo para ir al baño a comprobar si seguía sana. Me veía un lado del cuello más hinchado que el otro y lo empezaba a tocar, a ver si encontraba un bulto. Me desnudaba delante del espejo y me miraba y remiraba. Mi psicólogo me dijo: «Lo primero que tienes que hacer es tapar todos los espejos para no hacer esas comprobaciones». A mis hijos, mientras dormían, los palpaba, así me aseguraba de que todo estaba normal. Era un sufrimiento tanto para mí como para ellos.

R.: *Te comprendo. Vamos a la parte de la solución. Se trata de salir de esta trampa mental, que es una trampa en la que podemos caer cualquiera. Yo he tratado a ejecutivos, policías, bomberos, grandes políticos... gente que se decía: «Pero ¿cómo me ha entrado esto? No entiendo nada». Eso sí, tal como se cae en la trampa, se sale de ella. Una vez conocemos el truco, nuestra cabeza no vuelve a engañarnos, porque ya comprendemos cómo funciona. En tu caso, te diste cuenta del truco porque conociste mis libros o algo así, ¿verdad?*

F.: Sí, me enteré de que habías escrito muchas cosas, lo leí todo y descubrí que tenías una consulta presencial en Barcelona. Después de haber ido a tantos psicólogos y a muchos sitios más sin encontrar solución, pensé: «Éste es mi momento». Y sí, después de esperar unos quince días, me asignasteis a Claudio López. Mi querido Claudio vio que estaba desesperada; era mi última opción después de haber probado todo. Desde el primer momento, me puso un montón de deberes: un programa de exposiciones y, sobre todo, prohibido hacer comprobaciones. Me debía imaginar que tenía un cáncer, bultos enormes, que me moría... Y no sólo yo, también mis hijos: que estaban gravemente enfermos, terminales, que fallecían...

R.: *La terapia consiste en llevar a cabo, una y otra vez, los cuatro pasos con toda la fe y confianza posibles. Lo primero fue buscar la ansiedad, la obsesión y la preocupación de una manera exagerada. Justo lo que más te aterraba en la vida. Llevabas catorce años intentando escapar de eso con las comprobaciones, las visitas al médico, las pastillas... y de repente llega un tipo llamado Claudio y te dice que tienes que hacer todo lo contrario. El primer día que te explicó el procedimiento, ¿cómo te quedaste? ¿Lo asumiste bien?*

F.: El primer día pensé: «¿¡Me lo estás diciendo en serio!?».
En los siguientes me sentí horrible. Lloraba desesperada.
Hasta que, con el día a día —exposiciones, exposiciones
y más exposiciones—, llegó un punto en el que ya no tenía
ansiedad. ¡Me estaba acostumbrando a ella!

R.: *¿Sabes qué pasa? Aquí lo decimos muy rápido y nos escucha
mucha gente que nunca ha tenido TOC ni ataques de ansiedad y ni se imagina lo que supone este trabajo. Es difícil,
pero quisiera expresarles el increíble nivel de fortaleza, coraje, valentía y compromiso que tú le pusiste, Francesca.*

F.: Era brutal. Imaginar que un hijo se está muriendo de leu-
cemia para mí era... No sé, ¡no tengo palabras! Me estru-
jaba los dedos de la ansiedad que me entraba. Pero me
decía: «Lo tengo que hacer, porque es la única manera de
afrontar mi miedo».

R.: *¿Y durante cuánto rato hacías cada exposición?*

F.: Unos cuarenta minutos al día.

R.: *¿Te quedabas fastidiada después?*

F.: Al principio era muy duro visualizar que les detectaban
cáncer, les daban quimio... pero después, increíblemente,
la ansiedad me bajaba. Creo que se reducía porque no
paraba hasta relajarme, hasta que los síntomas se acaba-
ban. Así que no me quedaba tan mal.

R.: *Y la medicación, sobre todo los ansiolíticos, ¿la fuiste dismi-
nuyendo?*

F.: Sí. Recuerdo que, en una de las sesiones, le dije a Claudio:
«Me parece que estoy preparada para ir bajando la medicación, porque cuando hago las exposiciones ya no me
espanto, sé controlarme». Entonces me comentó que era
el momento perfecto, que lo consultara con mi psiquiatra.

A todos nos pareció bien. La verdad es que el médico se sorprendió mucho, porque mis visitas siempre eran para subirme la dosis.

R.: *¿Todavía tomas algún ansiolítico?*

F.: El Orfidal lo he eliminado completamente. Es sorprendente, pero no lo necesito para nada. Y el citalopram lo he ido reduciendo, paso a paso, de cuarenta miligramos a veinte, que es lo que tomo ahora.

R.: *Cuando llevamos muchos años tomando antidepresivos, hay que retirarlos muy despacio, porque el cerebro está acostumbrado a recibir esa sustancia externa. Pero, si los dejamos poco a poco, no pasará nada, no se dará ni cuenta. ¡Es que hace muy poquito que has terminado las exposiciones! ¿Y la terapia? No sé si la habéis dado ya por acabada, incluso.*

F.: No, no. Todavía seguimos, pero antes era una sesión semanal y ahora hemos alargado el tiempo un poquito más. Ya me deja volar sola.

R.: *¿Cada cuánto os veis ahora?*

F.: Cada quince días o tres semanas.

R.: *¿Cuánto ha durado la terapia hasta este momento?*

F.: Como mucho, cuatro o cinco meses.

R.: *Esta mañana justo hablé con Claudio y estábamos de acuerdo en que has ido superrápido, la verdad. Lo has hecho muy bien, generalmente se tarda más. Enhorabuena.*

F.: Es que yo estaba desesperada, Rafael. Y me puse a trabajar con Claudio a tope, a aceptar los pensamientos más horribles, no batallar con ellos y dejar pasar los días. Él me dijo muchas veces: «La vecina pesada vendrá a visitarte y lo único que tienes que hacer es aceptarla, ya se irá». Y así es.

R.: *Hablemos del segundo paso, «aceptar», que yo creo que es el quid de la cuestión. Debemos aceptar toda la emoción, que nos estamos sintiendo fatal, que tenemos una ansiedad increíble... Aceptar como diciendo: «Vale, me voy a intentar poner cómodo en el malestar». Porque, sin darnos cuenta, pulsamos un botón de rechazo automático, como un resorte. Sin embargo, hay que aceptarlo. Yo creo que eso es lo más difícil.*

F.: Cuando me vienen pensamientos que pueden volverse obsesivos, lo primero que me digo es: «Vale, estás ahí. No pasa nada. Te tengo que aceptar. No me quedará otra que oírte, pero yo tengo el poder de hacerte caso o no». También intento distraerme con otras cosas —leyendo, por ejemplo— para no obsesionarme con los pensamientos. Y, Rafael, desaparecen.

R.: *Pero al principio no era así, tenías que «afrontar» y luego «aceptar» la porquería.*

F.: Sí, toda la cloaca, como dices en uno de tus libros.

R.: *Tenías que ponerte cómoda.*

F.: Exacto, pensar: «Acepto y se pasa, me distraigo y ya». También he entendido que el sufrimiento forma parte de la vida. Yo no puedo hacer nada, no elijo tener un cáncer. Si me toca, lo enfrentaré y ya está. Será una enseñanza vital más.

R.: *Eso puedes decirlo ahora gracias a todo este trabajo que has hecho. Si hace un año te hubiesen dicho que tendrás un cáncer, te morirás y ya está, no lo habrías aceptado ni de coña.*

F.: ¡Ni de coña! ¡No, no! Ni pensarlo.

R.: *Oye, quién te diría que en cuatro meses te librarías de una maldición que te ha perseguido durante catorce años.*

F.: ¡Me quedo sorprendida del poder que tiene nuestra mente! Pero hay que decir que le he puesto un empeño brutal.

R.: *Mucha gente que ha superado este tema me dice: «Ha sido como un milagro. Es inexplicable que eso, que era tan real, haya desaparecido. Estaba muy jodida, el miedo era una parte importante de mí... y ahora estoy limpia, soy otra persona, tengo otra cabeza». ¡Se han renovado!*

F.: Sí, es verdad. Es como si nos hubiéramos regalado una varita mágica con la que generarnos pensamientos positivos para disfrutar de la vida. Yo antes no podía hacerlo, no quería vivir, sólo deseaba que se pasara el día rápido.

R.: *Sólo te apetecía irte a la cama, tomarte un extra de tranquilizante y dormir, porque la cosa era insoportable.*

F.: Era insufrible estar cada día con lo mismo. Me acuerdo de que, cuando estaba ya desesperada, escribía a mi marido o lo llamaba: «Por favor, Xavi, ayúdame, necesito ir al médico, sé que tengo algo, seguro que es cáncer». No le dejaba vivir. Era horrible.

R.: *Has tenido un coraje impresionante. Has visitado voluntariamente el infierno todos los días. Eso se dice rápido, pero no es fácil hacerlo. Felicidades.*

F.: Sí. Gracias a que he tenido la ayuda adecuada: un terapeuta especializado en trastorno obsesivo y en hipocondría. Y, sobre todo, gracias al empeño diario de no cesar en las exposiciones. No hay otra manera.

R.: *¿Tuviste alguna recaída?*

F.: Sí, una muy chunga, porque a mi hijo, cuando está bajo de defensas, se le notan más los ganglios. Y le salió un ganglio en el cuello. Imagínate, mi abuelo murió con los ganglios hinchados y mi hijo tenía uno. Mi ansiedad fue tanta que se me taponaron los oídos y me descompuse por completo. Tuve que tumbarme en la cama, tomarme un Orfidal e intentar tranquilizarme, pero sentí mucho miedo y no pude evitar llevarlo al pediatra. Me dijo: «Tranquila, no es nada. Es un ganglio un poco inflamado por debilidad o cualquier cosa».

R.: *Muchas veces sucede que, cuando recaemos, tenemos la sensación de que hemos vuelto a la casilla de salida o incluso más atrás. Es muy descorazonador, porque uno piensa: «Esto no funciona. Voy a estar así de loco toda la vida. He fracasado absolutamente. Pensaba que ya lo tenía y estoy igual o peor».*

F.: Sí. Eso es lo que le dije a Claudio: «No sé si este método es para mí. Porque vuelvo a sentirme mal y estoy muy desanimada».

R.: *¿Y qué te respondió?*

F.: «Francesca, las recaídas forman parte del proceso. Son momentos ideales para trabajar, son exposiciones en vivo y en directo».

R.: *¡Ahí está, muy bien! Es muy difícil, pero también muy importante. Tras completar el proceso de curación, nos convertimos en personas increíblemente fuertes y sólidas. ¿A qué le vas a tener miedo después?*

F.: Al final, aceptas que cierto sufrimiento forma parte de la vida y no puedes controlarlo todo. Hay que disfrutar de tomar el sol, del aire, de las pequeñas cosas. Yo antes las ignoraba y ahora las disfruto muchísimo.

R.: *Ya puedes ser plenamente feliz.*

F.: Sí. Y veo felices a mis hijos y a mi marido.

R.: *Te agradezco un montón que nos hayas contado tu historia, requiere mucho coraje confesar nuestras vulnerabilidades en público.*

F.: Veo importante dar mi testimonio, porque a mí los de otros me ayudaron mucho. Te puedes identificar con ellos y aprender de su experiencia.

R.: *No quiero acabar sin que nos hables de un tatuaje que tienes.*

F.: Mi terapeuta, Claudio López, ha sido tan importante en mi vida que me he tatuado su nombre. Me he puesto la palabra «clau», porque es el inicio de su nombre y porque significa «llave» en catalán. Y, mira, ahora llevo una llave en la muñeca.

R.: *Me encanta. Te doy las gracias una vez más por este testimonio. Somos una cadena terapéutica y nos ayudamos los unos a los otros. ¡Besos a todos!*

COMENTARIO FINAL

Francesca es un caso ejemplar. No mucha gente es capaz de conseguir una mejoría tan notable en sólo unos meses tras catorce años padeciendo una hipocondría así de severa. Pero, como siempre, ese éxito es proporcional a la intensidad con que llevó a cabo sus exposiciones. Para superar los ataques de pánico o el TOC, hay que ser conscientes de que sólo nosotros podremos hacerlo.

María José, de Alicante, cuyo testimonio está colgado en YouTube, hace referencia a esa idea. Ella, que superó un trastorno de ataques de ansiedad de treinta años de duración, dice siempre: «Nadie te va a salvar, sólo tú puedes hacerlo».

Con esto, María José quiere expresar que la persona debe

hacerse cargo de la solución del problema, tiene que darse cuenta de que sólo su esfuerzo va a sacarla de ahí. Los psicólogos podemos dar consejos, orientar, pero las exposiciones están en su mano.

El papel de la familia es muy valioso, pero sólo como acompañantes. Nos darán ánimos. Nos apoyarán emocionalmente. Pero las riendas de ese caballo las tendremos que coger nosotros.

El testimonio de Francesca nos enseña que la duración de un trastorno no es siempre un indicador del tiempo que va a costar curarnos. Ella estuvo catorce años mal, pero le bastaron cinco meses para reformular su cabeza. Lo esencial es llevar a cabo el trabajo de reeducación de nuestra mente con decisión.

Francesca, ahora libre de las neuras que la atenazaban, disfruta con plenitud del día a día, de las pequeñas cosas. La vida vuelve a ser el lugar de goce al que estamos todos destinados.

16

Nadia, la fuerza de los testimonios

*Un año para superar
toda una vida de miedos*

> Ese bienestar a menudo es el resultado de ha-
> ber sido lo suficientemente valiente para estar
> plenamente vivo y despierto en cada momento
> de su vida, incluyendo los momentos tristes, los
> tiempos oscuros, todas las ocasiones en que las
> nubes cubrían el cielo.
>
> PEMA CHÖDRÖN

Nadia vive en Atlanta, Estados Unidos, desde tiempo. A sus cuarenta años, tiene una hermosa familia. Es directora de una tienda y le encanta su trabajo.

Llevó a cabo una terapia de poco más de un año de duración. También se empapó del libro *Sin miedo*. Y vio ¡todos! los vídeos que hay colgados en mi canal de YouTube, que ya son más de un centenar.

De hecho, Nadia trabó amistad con varias personas que participaron en la cadena, como José, Anahí o David. La asistieron en todo su proceso. A miles de kilómetros de distancia, tejieron una red de apoyo hermosísima. Anahí le solía decir:

«Nadia, saldrás transformada y, un día, serás uno de los testimonios». Ya llegó ese feliz momento.

En nuestra charla, Nadia comenta que, al principio, mantener la perseverancia con las exposiciones fue todo un reto, porque los resultados tardaron en llegar. Y sus ejercicios no eran nada fáciles. Por ejemplo, tenía que dormir con un martillo para exponerse al miedo obsesivo de poder atacar a su marido. ¡Ese ejercicio le generaba tanta ansiedad que lloraba! Pero lo hacía, persuadida de que «afrontar» era la vía segura para curarse.

Nadia, en un determinado momento, dice que pensó: «¿Un año? ¿Estar un año así, con la exposición? ¡Imposible! Me voy a morir». En *Sin miedo* explico ese concepto del «año de duración». Muchas veces pido a los pacientes que se imaginen que van a tardar un año en curarse. Un año entero frente al malestar. ¿Por qué tanto? Porque es un tiempo lo suficientemente largo como para que acepten por completo los síntomas y dejen atrás las prisas por sanar.

En la mayoría de los casos, las personas tardan menos de un año en completar el tratamiento y alcanzar un noventa y cinco por ciento de mejora. Pero, aun así, es conveniente que se planteen la posibilidad de tener que prolongar el tratamiento, de modo que adopten una mentalidad de rendición.

El trabajo conductual de los cuatro pasos demanda mucha fuerza de voluntad. Y no es de extrañar que no dispongamos de ella, la vida nunca nos ha pedido realizar un esfuerzo tan difícil. Pero no tenemos más remedio que trabajarla. Por eso, cuando terminan el proceso, muchas personas afirman: «Ahora sé lo que es ser fuerte».

Claire Weekes, la médica que diseñó uno de los primeros

programas para superar la ansiedad, solía decir: «Hay personas que se creen fuertes, pero no lo son. Se trata sólo de una fachada. Y otras personas sí lo son de verdad. Son aquellas que se han forjado a partir de superar grandes dificultades. Mis pacientes son los del segundo grupo: fuertes de verdad».

RAFAEL: *¿Qué tuviste tú?*

NADIA: Ansiedad, despersonalización y varios TOC. Estuve fatal. Llegó un momento en que no tenía voluntad para nada. Lo justo para arreglarme y peinarme. Pero ya no me quedaban energías para salir de casa, comprar, ir a un restaurante... De hecho, eso lo tenía ya olvidado. Mi mente estaba absorbida por la ansiedad. Trataba por todos los medios de distraerme del TOC, pero no podía.

R.: *¿Y cuánto tiempo tuviste todos esos síntomas?*

N.: Muchísimo. Empecé a los catorce años con un episodio de despersonalización. Y, desde entonces, lo fui sufriendo a oleadas.

R.: *¿Cuántos meses has trabajado con los cuatro pasos?*

N.: Trece.

R.: *¿Qué nota te pondrías ahora en la superación del TOC y la ansiedad?*

N.: Nueve y medio. Ese poquito que me falta sé que llegará con el paso del tiempo.

R.: *En estos momentos, ¿cuánto puede durarte una neura de ésas?*

N.: Nada. Es que, cuando vienen, me da la risa. Aprendí a verlas como una película. Es un pensamiento obsesivo y vacío, así que pasa muy rápido. Ya no trae toda la ola de emociones. Es como una imagen, nada más.

R.: *Pues incluso eso, Nadia, con el paso del tiempo, irá redu-*

ciéndose y, un día, tu mente lo olvidará. Has sufrido ansiedad y despersonalización. Cuéntanos, ¿qué diantres es eso de la despersonalización?

N.: Es un síntoma muy difícil de describir, como si la cabeza estuviese adormecida, como zombi. La gente me veía normal, pero, por dentro, tenía una especie de entumecimiento mental. No tenía capacidad de concentración y me quedaba en blanco todo el rato. Y pensaba: «¿No será que estoy perdiendo la memoria?». Te sientes fuera de ti. Te ves en el espejo y, aunque sabes que eres tú, padeces una irrealidad muy fuerte.

R.: *Ya. Muchas personas me la han descrito así: no se reconocen en quien está hablando, cocinando o, incluso, viéndose en el espejo. Esto, que parece muy raro de primeras, es un producto natural de la ansiedad y le puede suceder a todo el mundo. Corrígeme si me equivoco, Nadia: esas sensaciones te asustaron y te despertaron TOC.*

N.: Exacto.

R.: *Y ¡pum!, se empezó a desatar la compulsión, es decir, te enzarzaste en razonar y comprobar. «¿Me estoy volviendo loca? ¡No, no, la gente no se vuelve tarumba tan fácilmente! Y en mi familia no ha habido ningún esquizofrénico, que yo sepa... Bueno, y no estoy loca porque razono bien, no oigo voces. ¿A ver si las oigo? ¡No, qué va, no escucho nada!».*

N.: Así es. Le decía a cualquiera de mi familia: «¿Tú me ves normal? ¿Estoy hablando normal? ¿Estoy actuando normal?». Mi hermana me respondía «¿Por qué me preguntas eso?» y yo le decía que a menudo me sentía como una loca. O sea, mi cabeza sufría una avalancha constante de pensamientos intrusivos.

R.: *Tu mente era un follón y estaba entre dos fuegos cruzados: las obsesiones sobre si estabas bien de la cabeza y las compulsiones mentales para negar esa posibilidad.*

N.: Sí. Incluso me daba la sensación de que me movía raro. Caminaba y sentía que mis piernas no se sincronizaban. Me miraba los pies y me decía: «¿Son estos mis pies?». Rafael, es espantoso. Crees que tu alma no está ahí. La irrealidad me hizo llorar a mares. Me gustaría aportar sobre todo esta comprensión de la despersonalización y la desrealización, porque, si las entiendes bien, puedes relajarte más fácilmente y superarlas mejor.

R.: *Vamos a ello. ¿Cómo era la irrealidad?*

N.: Horrible. Veía la luna y me decía: «Pero ¿qué es eso? ¿Qué es la luna? ¿Por qué está en el cielo?». Preguntas existenciales superextrañas. Me montaba en el coche y según veía las nubes o el cielo me iba abrumando, abrumando, abrumando... Te percibes muy chiquitita en un mundo gigante. Ésa era mi sensación estrella. Ya salía de casa apretando los dientes, como en modo de lucha. ¡Y nadie lo sabía! Pero por dentro me preguntaba: «¿Qué hago en este mundo? ¿Para qué vivimos si nos vamos a morir?». Esto desembocó, naturalmente, en el TOC de la locura, porque los síntomas se parecen a estar volviéndose loca. Y el TOC de la locura me llevó a otros TOC, porque, por supuesto, si te estás volviendo loca, puedes hacer daño, ir a la iglesia y decir tonterías... Es decir, se despertó una cadena de trastornos.

R.: *También tuviste el TOC religioso.*

N.: Sí. Con ese estuve poco, porque Antonio, mi terapeuta, me planteó un ataque frontal. Me decía: «¡Nadia, hay que ir con todo!». Como tenía miedo a la posesión o al diablo, empecé a ver películas de terror. Todos los días. Me vi series completas. Ahora son mis favoritas, ja, ja, ja.

R.: *¿Y el TOC de dañar?*

N.: Para el TOC de hacer daño a mi marido, Antonio me hacía dormir con un martillo. Esas noches incluso lloraba en la cama.

R.: *¿Y conseguías pegar ojo?*

N.: ¡Al cabo de un rato, sí! Después te curtes tanto que tú misma buscas las exposiciones.

R.: *Claro.*

N.: Pero es difícil, porque durante un tiempo no estás segura de si ese sufrimiento va a dar frutos. La mente duda de absolutamente todo. Pero hay que echarle fe.

R.: *Nadia, ¡has sido muy valiente!*

N.: En aquel momento no lo pensaba, Rafael. Y eso también lo quiero compartir. Uno siente que no lo está haciendo bien porque, al inicio del tratamiento, aún está mal. Pero la perseverancia acaba curándote. Yo me decía: «¿Un año? ¿Estar un año así, con la exposición? ¡Imposible! Me voy a morir». Antonio me advertía: «Nadia, esto es un proceso y tienes que aceptarlo». A los tres o cuatro meses, sin embargo, estaba mucho mejor. Recuerdo que, entonces, hice un viaje corto con mi esposo y no me morí de la ansiedad, incluso lo pasé bastante bien. Allí me di cuenta de que estaba cambiando de verdad.

R.: *Las recaídas son inevitables y nos hacen pensar que lo estamos haciendo todo mal, que nunca saldremos de ésta, que estamos como al principio... o peor.*

N.: Sí. Tuve muchas crisis durante la terapia. Cuando creía que no podía más, Antonio me respondía: «Nadia, deja que pase la ola».

R.: *¡Y qué satisfacción saber que has hecho algo tan difícil! ¿No te sientes orgullosa?*

N.: Por supuesto. Antes de tener ataques de ansiedad o TOC, estaba bien, pero tenía muchos miedos. Hoy soy valiente. Hace tiempo huía de la ansiedad, iba por el mundo con un bote de valerianas en el bolso. En este momento ni las recuerdo. Gracias a la crisis final del TOC, superé la mayoría de esos miedos cotidianos. Yo le decía a mi esposo: «No quiero ser una mujer miedosa, sino valiente». Ahora me siento orgullosa de mí misma. Tengo unas herramientas que nunca tuve y que me sirven no sólo a mí, también a las personas cercanas: a mis compañeros de trabajo, a mi familia...

R.: *Has hecho un trabajo de los más difíciles que existen y tienes mi admiración. Domesticar la propia mente es un reto enorme.*

N.: Es muy difícil, sí, pero gracias a ustedes lo conseguí. Y gracias a los testimonios. Su empatía fue maravillosa. Es una labor muy importante, porque expresan: «Oye, yo pasé por esto. Es horrible, pero mírame ahora. Tienes que trabajar y salir de ahí».

R.: *Tú te dijiste: «No me queda otra opción que hacer esta terapia y curarme». ¿Cómo llegaste a tener tanta determinación?*

N.: Me sentía tan mal que prefería morirme a seguir así. No sabría describir cómo es sentir dolor emocional, pero diría que se parece a estar mordiendo el polvo continuamente. Por eso, tienes que ir con todo y no admitir otra opción que sanar. En muchos momentos, durante el trabajo de exposición, pensé: «Si he de morir, moriré, pero no voy a regresar a casa hasta finalizar esto. No quiero volver a lo de toda la vida. ¡Me niego! Me voy a quedar».

R.: *¿Y cómo eran las exposiciones?*

N.: Muy difíciles. Llegaba al trabajo y ya me quería largar. O me montaba en el coche y, en la esquina, la mente me decía: «Vuelve, que te va a venir la ansiedad delante de tus compañeros. Te va a dar esto, te va a dar lo otro». ¡Mil ideas horrorosas! Pero yo fui más fuerte: «No pienso irme». Y no hubo un solo día que volviera a casa, ¡ni uno!

Con el TOC, por ejemplo, me prohibí tener compulsiones. Es más, hice lo contrario, probé a relajarme con la sensación. El cerebro va entendiendo que no hay peligro y se calma. Pero esto es como una culebrita, un trabajo diario que da frutos poco a poco.

R.: *¿La irrealidad cómo la trabajaste?*

N.: Recuerdo que preguntaba mucho a José y a David, dos chicos maravillosos que también contaron su testimonio. «¿Qué puedo hacer con la irrealidad?», quise saber un día. Y David me respondió: «Métete en ella. Vívela y déjalo estar». De hecho, llegué a plantarme: «Quiero sentirla plenamente y ver cómo es». Me sentaba afuera a propósito y dejaba que me entrasen los pensamientos más horrorosos: «¿Y los árboles por qué existen?», «¿Y la gente por qué vive en apartamentos?». No respondía ni huía. Se trataba de flotar en eso. Así, poco a poco, fui perdiendo el miedo.

R.: *Te zambulliste en la piscina de la despersonalización.*

N.: Sí, y vivenciando la despersonalización durante muchos meses, le fui quitando poder al síntoma y se fue diluyendo. Es maravilloso.

R.: *¿Qué ha sido lo más difícil?*

N.: Cuando tú decías que había que relajarse con la ansiedad, yo pensaba: «¡Rafael está loco! No puedes calmarte con la despersonalización. Es imposible estar tranquila sintiendo que no perteneces a este mundo». Pero ahora sé que es totalmente posible.

R.: *Con trabajo y fe ciega.*

N.: Mucha fe. Fíjate, yo pensaba: «Lo mío es peor que lo que cuentan los testimonios, porque tal persona sólo tiene un TOC y ¡yo tengo tres!». Son dudas sin más. La clave es tomar la decisión de trabajar en ello todos los días, desconfíes o no. Es que no tienes otra opción. Debes buscar la ansiedad e ir en contra de todo lo que tu mente y tu cuerpo te dicen.

R.: *Desarrollaste un coraje impresionante.*

N.: Sí. Porque la curación exige una fuerza de voluntad enorme. En condiciones normales, tienes un día triste y te espabilas con un: «Tira para arriba». Y se te pasa. Lo superas, aunque sea al día siguiente. Pero esto no. Aquí la simple positividad no sirve. Tu ser, tu alma, como lo quieras llamar, está hecho polvo y tienes que sacar fuerzas de donde no las hay y seguir.

R.: *¿Estás contenta con el trabajo realizado?*

N.: Sí. Me emociono al recordarlo, porque ha sido muy duro. Extremadamente duro. Yo había visto testimonios en que las personas aseguraban: «Después de superar la ansiedad, te haces mucho más fuerte». No lo podía creer. Me parecía imposible. Pero es verdad. Ahora tengo unas herramientas que jamás tuve.

R.: *Has cambiado muchísimo.*

N.: Sí. Ahora sé que puede haber una estructura que te predisponga a ser obsesiva, unos patrones de crianza, unos rasgos, pero siempre puedes reeducar la mente. Es cierto al cien por cien.

R.: *Me ha encantado tu testimonio. Lo has hecho muy bien. ¡Un beso enorme!*

N.: Gracias infinitas.

COMENTARIO FINAL

La idea de publicar entrevistas con testimonios se me ocurrió en junio de 2021, tras lanzar *Sin miedo*. Esos testimonios, pensé, podrían ayudar a otras personas que estuviesen trabajando con su ansiedad. Su ejemplo sería muy motivador.

A medida que pasaban los meses, cada vez más personas se ponían en contacto conmigo y se ofrecían a dar su testimonio. Habían hecho terapia o habían leído el libro y ya se habían recuperado. Estaban felices y querían que todo el mundo en sus mismas circunstancias experimentase esa liberación y plenitud.

Ha pasado un año y medio desde entonces y la cifra de testimonios es de más de ciento veinte. ¡La iniciativa ha superado todas mis expectativas! Dar la cara y confesar que se ha padecido un problema de este tipo no es fácil. Nuestro reparo natural a descubrir las vulnerabilidades hace de las suyas, pero vencen las ganas de ayudar a los demás.

Mi compromiso ahora es continuar publicando estos testimonios de por vida. ¡Visualizo el momento en el que tengamos mil historias! Será la base de datos de superación personal de la ansiedad más grande del mundo.

Nadia explica que, para ella, las experiencias de sus compañeros fueron clave. Ella vio todos los vídeos. Le daban fuerza, guía. Le proporcionaban fe. Y no es la única; recordemos que Ainara, otras de las participantes en el libro, decía que se ponía los testimonios mientras trabajaba.

La fe es un instrumento muy útil. Fe en el sentido laico. Esto es, la capacidad de seguir un rumbo difícil aun sin tener la certeza de que el resultado será el esperado. Las personas estamos acostumbradas a esforzarnos cuando sabemos que habrá recompensa. Por ejemplo, estamos seguros de que, haciendo deporte, nos pondremos en forma tarde o temprano. Estudiamos más y sacamos más nota. Al menos, la probabilidad de que sea así es alta.

En este trabajo, sin embargo, hay muchas dudas. La mente nos dice que éste no es el camino adecuado. Que nos equivocamos. Que retrocedamos lo antes posible. Que nada está saliendo bien. Que busquemos una alternativa.

En esos momentos, tendremos que activar la fe. Una fe basada en dos hechos: el primero, que cientos de miles de personas lo han probado y conseguido antes (de ahí que los testimonios sean esenciales); el segundo, que no tenemos otro remedio, porque continuar mal no es una opción.

Por eso, porque cada uno de los testimonios es una piedra de ese edificio que es la fe en el trabajo conductual, doy las gracias a todas las personas que han participado en este libro y en mi canal de YouTube.

17

María, transformación rápida y profunda

¡No está loca! Sólo ha caído
en una trampa mental de la que puede salir

> Hay que considerar como parte del sendero
> cualquier cosa que ocurra en la mente confusa.
> Todo es trabajable. Ésta es una proclamación
> intrépida, es el rugido del león.
>
> PEMA CHÖDRÖN

Todas las historias de superación que he tenido la fortuna de presenciar han dejado una gran huella en mí. Me encantan. La que leeremos a continuación es maravillosa. Es conmovedor ver cómo María se puso a trabajar desde el primer día en que leyó mi libro. Nada más acabar la lectura, se encerró en un cuarto con sus obsesiones durante media hora y salió de allí conmocionada. ¡Qué buen trabajo hizo!

María es una joven madrileña de treinta años, rebosante de amor por la vida. Una chica entusiasta y con mucha fuerza de voluntad, cualidad que le sirvió para hacer un trabajo ultrarrápido y eficaz. También tuvo la fortuna de descubrir nuestro método de los cuatro pasos muy rápido, tan sólo un mes después de debutar con su TOC. Cuanto antes se trata un problema de ansiedad, más corto suele ser el proceso de tratamiento.

Su TOC era uno de los más típicos: dañarse a sí misma o a otros. Y, como siempre, era egodistónico. Esa palabreja significa que tenía pensamientos sobre hechos que NUNCA llevaría a cabo, sucesos que iban en contra de su personalidad, valores y manera de ver el mundo. Y, paradójicamente, su descomunal rechazo a esas ideas es lo que le aceleró la obsesión.

Gracias a su determinación y fuerza de voluntad, María tardó sólo un mes y medio en volver a la normalidad, pero es muy importante que la persona no se plantee plazos para la curación. En ocasiones, pese a que lo hagamos muy bien, la mente necesitará mucho más tiempo para desensibilizarse. A la hora de trabajar las emociones, las prisas son muy malas compañeras. Hay que ser pacientes. Podemos decirnos algo así: «Voy a currármelo a tope para asegurarme la total recuperación. Espero ir lo más rápido posible, pero estoy dispuesto a tardar lo que sea necesario: un año, dos, tres. Da igual. El único objetivo válido es curarme».

No tener prisa es fundamental, porque, de lo contrario, no estaríamos aceptando los síntomas realmente. No llegaríamos nunca a flotar, a estar cómodos dentro del malestar.

Y ése es justo el cuarto paso de nuestro método: «Dejar pasar el tiempo». Esto es, no ir acelerados. Estar dispuestos a pasarlo mal junto a la ansiedad durante un periodo largo, indefinido.

Ya sanos, podremos ayudar a otros a transitar este maravilloso camino: el de la fortaleza de verdad.

Rafael: *Cuéntame, María. ¿Qué es lo que tenías?*

María: Con dieciocho años (ahora tengo treinta) experimenté, por primera vez, un poco de ansiedad. Recuerdo que fui al psiquiatra y con algo de medicación se me pasó. Me quedó un poco de hipocondría, pero nada más. Es decir, pasé todos esos años bien, con unas pequeñas secuelas de ansiedad, pero bastante llevaderas. El problema gordo vino a principios de 2021.

R.: *Por alguna razón, te entró una especie de tristeza y no tenías fuerzas. Cuando tú eres una persona muy alegre y positiva, ¿verdad?*

M.: Sí, así es.

R.: *Entonces te asustaste y te empezó el TOC. Uno de los más clásicos, por cierto: «¿Y si soy capaz de hacer daño a alguien o a mí misma?». Se trata de una idea absurda, pero podemos entrar en bucle con ella.*

M.: Tal cual. ¡Y se pasa fatal! Sobre todo, al principio, porque no entiendes nada. De hecho, yo llegué a pensar: «Me estoy volviendo loca, no es normal que dé vueltas a esto constantemente», «No puede ser que me esté pasando a mí. ¡Yo soy todo lo contrario y ahora me pongo a llorar con cualquier cosa! ¿Cómo es posible?».

R.: *Lo bueno es que estuviste sólo un mes en esta situación, porque diste enseguida con mi libro* Sin miedo. *¿Cómo lo encontraste, por cierto?*

M.: Yo ya te conocía de hace muchísimos años, porque en la universidad estuve estresada. Trabajaba y estudiaba al mismo tiempo y no daba para más. En aquel momento, mi médica me recomendó *Las gafas de la felicidad* y me fue superbién. Entonces, el año pasado, después de un mes de sufrimiento, con ese pensamiento en bucle retumbando a todas horas, haciendo pum, pum, pum, pum, estallé y expliqué lo que me sucedía.

R.: *Ah, ¿no se lo habías contado a nadie? ¿Quizá por vergüenza?*

M.: Exacto. Temía que pensasen que estaba loca perdida.

R.: *Es un temor muy común en esas circunstancias.*

M.: Un día, en casa de un familiar de mi pareja, me empecé a sentir tan tan mal que me planté: «Ya no puedo más. ¡Necesito desahogarme!». Y justo su tío me soltó: «¿Conoces a Rafael Santandreu?». Yo: «¡Claro! Tengo un libro suyo y me encanta». Entonces, me puso sobre la mesa todos tus libros. Me preguntó: «¿Cuál te quieres leer?». Vi *Sin miedo* y dije: «¡Éste!».

R.: *Seguro que te fijaste en el subtítulo de la cubierta y pensaste: «¡Ostras, esto va de mi rollo, de lo que tengo ahora!».*

M.: Sí, sí, sí. Me lo recomendaron un sábado por la noche y el domingo por la mañana me levanté supertemprano para leerlo. Me duró un día, ¡un día!

R.: *¡Guau, te lo leíste rapidísimo! ¡Creo que has batido el récord! Ja, ja, ja.*

M.: Sí. En el primer capítulo, me dije: «¡No puede ser! ¡No estoy loca!». Se me ponen los pelos de punta ahora mismo al recordar cómo se lo grité a mi pareja. Me puse a llorar. Te lo juro.

R.: *Madre mía.*

M.: Me empapé de tu libro. Lo volví a leer una segunda vez un poco más pausadamente, cogiendo anotaciones. Me quedé con muchos puntos y frases que me ayudaron desde el minuto uno. Te prometo que, nada más terminar la lectura, ese mismo domingo, me puse veinte o treinta minutos en un cuarto y le pedí a mi novio que me cronometrara: «Voy a darle al pensamiento». Eso sí, ¡no te puedes imaginar la ansiedad que tuve en esa primera exposición!

R.: *Guau. Aquel primer día debió de ser estratosférico, ¿no?*

M.: Cuando terminé, estaba en un estado de conmoción total, así que me puse el karaoke y a cantar, que me chifla. Me acuerdo de que aguanté como diez canciones. Durante las primeras parecía que no estaba ahí. Pero, a la cuarta, fue como: «¡Dios, ya estoy bien, se me ha olvidado todo!».

R.: *¡Fantástico! Tras la exposición, dijiste: «Ahora me pongo a hacer otra cosa y que le den».*

M.: Sí, sí, sí.

R.: *¡Qué bueno!*

M.: Rafael, ¡terminé de cantar y estaba feliz! Desde entonces, todas mis exposiciones fueron bastante heavies. Por ejemplo, me daba miedo quedarme sola, no fuese que me suicidara. Mi pareja viajaba toda la semana y yo, ante el panorama, me había ido a casa de mis padres. Pero, en cuanto empecé mi autoterapia, lo revertí: «¡Se acabó! ¡Me vuelvo a mi casa!». Además, mi novio, que había sido carnicero, tenía un montón de cuchillos grandes. Y vivimos en un ático con balcones y terrazas por todas partes. O sea, hice unas exposiciones alucinantes en casa.

R.: *Exposición al cubo, ja, ja, ja.*

M.: Me asomaba a la barandilla del balcón mirando hacia abajo. O me sentaba a la mesa con todos los cuchillos delante y la luz apagada. Te juro que me temblaba todo el cuerpo. Pero me dije: «¡Si ésta es la solución, voy a por todas!».

R.: *Y le pusiste un nombre a la ansiedad, ¿verdad? Creo que Julia.*

M.: Sí, quise ponerle un nombre amigable, porque mi trabajo consistía justo en hacerme amigo de ella. Así que le decía: «Hola, Julia, ¿ya estás aquí?» o «Buenas, guapa, ¿qué tal estás?». Aunque parezca de coña, le hablaba así.

R.: *María, ¡lo has hecho increíblemente bien! Eres una chica con una gran determinación y fuerza de voluntad.*

M.: Sí.

R.: *Eres así en general, ¿verdad?*

M.: Sí, sí. Siempre le he puesto muchísimo empeño a todo lo que he querido conseguir.

R.: *¿Siempre?*

M.: Desde pequeña.

R.: *Fíjate, se cumple, una y otra vez, que las personas que se curan tan rápido y tan bien tienen ese superpoder: la fuerza de voluntad. Pero, en realidad, todo el mundo puede desarrollarla. Ésta es una maravillosa ocasión para hacerlo.*

M.: Cuando veía que había gente que se tiraba seis o siete años con TOC, me ponía en su lugar y pensaba: «¡Dios, cómo lo ha debido de pasar!». Yo vi claro que tenía que meterme a tope y solucionarlo rápido.

R.: *Y en un mes y medio lo encarrilaste.*

M.: Ya estaba bastante controlado, sí.

R.: *¿Qué nota te habrías puesto en ese momento, justo al acabar el trabajo intenso?*

M.: Pues un ocho.

R.: *¿Qué significa un ocho?*

M.: Que no me aparecía el pensamiento y no me daba miedo recordarlo. Cada vez lo veía menos importante.

R.: *¿Y por qué no un diez? ¿Qué te faltaba?*

M.: Porque, como te comentaba antes, aún tenía secuelas del episodio ansioso de los dieciocho años. Es decir, miedos pequeños. Una vez superado el TOC, aproveché para seguir. Me dije: «Voy a continuar con el método y a liquidar todo el malestar que tengo ahí aparcado». Aún había cierta hipocondría incordiando.

R.: *Entiendo que no te hacía infeliz, pero te fastidiaba. No te impedía tener una gran vida, estudiar, trabajar... pero se podía mejorar.*

M.: Exacto. Con esa pequeña neura, hacía vida normal. Había temporadas que incluso desaparecía. Pero ahora ya quería eliminarla por completo. Al final, la cabeza hay que trabajarla. Creo que es algo bastante importante. Y con medicación no la trabajas. Las pastillas te dejan tranquila y poco más, pero no te quitan el problema. Se parece a cuando sale una humedad. Si sólo la escondes, aún está debajo y sigue estropeando la casa.

R.: *Comentábamos antes que, a los dieciocho años, cuando te entró la ansiedad por primera vez, fuiste al médico y te dio un antidepresivo que te vino bien. Pero ahora puedes ver la diferencia entre las mejorías que proporcionan el fármaco y el trabajo emocional y consideras que es mucho mejor hacer terapia con la mente, ¿verdad?*

M.: Eso es.

R.: *¿Qué nota te pondrías ahora?*

M.: Un nueve y medio.

R.: *¿Qué te falta para el diez?*

M.: Me quedan pequeños restos de hipocondría. Aunque ha bajado muchísimo y siento que lo tengo prácticamente zanjado.

R.: *Qué guay. Oye, ¿estás contenta con el trabajo realizado?*

M.: Estoy feliz. ¡Es que se me nota mucho, ¿eh?! También intento ayudar a otros. Por ejemplo, una amiga está empezando con miedos y claustrofobia y le digo: «Tienes que ver a Rafael». Le paso vídeos, le hablo de los cuatro pasos...

R.: *Te felicito, María, porque has solucionado el problema de forma espectacular. Me encanta tu generosidad, que des este testimonio para ayudar a otros. Reflejarse en personas con problemas similares ayuda un montón, ¿verdad?*

M.: Sí, al principio es lo que más ayuda. Te quitas una mochila de veinte kilos al saber que no eres la única a la que le sucede esto.

R.: *Y, sobre todo, ves que hay una salida y que puedes confiar en ella.*

M.: Eso es.

R.: *María, te mando un beso supergrande.*

M.: Otro para ti, Rafael.

COMENTARIO FINAL

Muchas personas le ponen un nombre a la ansiedad. Es una gran estrategia, porque así adoptamos una actitud de acercamiento y de aceptación, no de lucha. Y es que tenemos que abrirnos a los síntomas para perderles el miedo y hacernos amigos de ellos.

Además, ponerle nombre a la ansiedad tiene el beneficio de que la situamos en un plano diferente. Nosotros no somos nuestra ansiedad, no tenemos que seguir su dictado, ni siquiera prestarle atención. Podemos pensar: «Que Julia haga lo que desee, yo a lo mío».

Existe un concepto en psicología llamado «defusión cognitiva», que consiste en separarnos de nuestros pensamientos y emociones. De no identificarse tanto. Muchas veces, las personas nos fusionamos con lo que sentimos ¡y es un error! Por ejemplo, debemos ser conscientes de que la rabia es una emoción, pero no la verdad. Si nos permitimos experimentarla, pero no le prestamos demasiada atención, se desvanecerá, porque todas las emociones son pasajeras por naturaleza. Y han de estar a nuestro servicio, no al revés. No somos esclavos de lo que sentimos. Todos los testimonios de este libro aprendieron a ser los dueños de su mente. Julia, la ansiedad, existe y viene a vernos de vez en cuando, pero es sólo una presencia un tanto pesada, nada más. Nos proporciona información acerca de lo que sucede en el entorno, pero no nos dirige.

María también ofrece una reflexión muy valiosa cuando compara el resultado que consiguió haciendo terapia y el que obtuvo con el fármaco catorce años atrás. Se ha dado cuenta de que la profundidad del cambio no tiene color. Con el trabajo mental llegó mucho más lejos, consiguió una madurez emocional sin parangón. Ella pudo confrontar muy bien ambas vías, ya que la situación era parecida y lo único distinto fue la metodología a la hora de tratar el problema.

Los fármacos pueden ser útiles en ciertos momentos, pero casi todos los profesionales de la salud mental estamos de acuerdo en que el trabajo terapéutico es preferible. Steven C. Hayes, uno de los psicólogos más reputados del mundo, considera buena idea que quien tome psicofármacos esté obligado a hacer también psicoterapia.

Yo no soy muy amigo de imponer nada, pero entiendo que el profesor Hayes insista en trabajar el verdadero origen de la problemática: la mente. Hay que ser ambiciosos y crecer con la adversidad, no taparla ni negarla. Emplearla para hacernos mejores personas.

18

Mamen, tres meses de trabajo mental y, por fin, vuelta a la normalidad

Perderle el miedo al miedo «es una pasada»

> Tenemos una arraigada tendencia a tratar de escaparnos, como un escarabajo ensartado en un alfiler: nos retorcemos y tratamos de escapar para no tener que estar en el sitio.
>
> PEMA CHÖDRÖN

Mamen es una simpática oscense a quien el COVID puso contra las cuerdas. Al inicio de la pandemia, tuvo la lógica conmoción que nos afectó a todos, pero a medida que pasaban los meses —hasta un año y medio después— fue dándose cuenta de que se había quedado encallada en aquellas dos primeras semanas, las más trágicas y angustiantes. A mediados de 2021, la gente ya salía y entraba, viajaba y se acercaban los unos a los otros. Pero Mamen no.

Sabía que aquello no era normal. Se había aislado mucho en casa y nadie la podía tocar. Lo bueno es que, como mujer resolutiva que es, buscó soluciones. Leyó *Sin miedo* y cayó en la cuenta de que lo suyo se parecía demasiado a los casos descritos en el libro.

218 EL MÉTODO PARA VIVIR SIN MIEDO

Mamen hizo terapia con una de las psicólogas de nuestro equipo de Sevilla, Mercedes Suero, y tuvo una experiencia de liberación y crecimiento personal que nunca olvidará. Ahora se siente más fuerte y feliz que nunca.

El temor a la muerte y a la enfermedad nos afecta a todos en algún momento de nuestras vidas, así ha pasado desde el origen de la humanidad. Las tradiciones espirituales, por ejemplo, nos han dado muchas herramientas para lidiar con ello, de ahí que los creyentes más convencidos tengan cero miedo. Yo he conocido a algunas personas que incluso vivieron su propia muerte como una aventura emocionante y llena de amor.

Sé del caso de un sacerdote católico, una gran persona, que, al final de sus días, en la cama de un hospicio, dio unas lecciones increíbles de madurez mística.

Su vida se apagaba entre dolores agudos y él se negaba a que le administrasen calmantes. No quería silenciar la muerte. Pretendía saborear su traspaso al otro lado. Su habitación estaba siempre rebosante de allegados que acudían a acompañarlo, pero el ambiente era de fiesta, de celebración, no de duelo. Él hacía bromas, agradecía los cuidados de las enfermeras y hablaba de su fe como si fuese un joven novicio con una larga carrera por delante. Todos se impresionaron de su talante.

Y, en un momento dado, se quedó dormido con una sonrisa y se fue. Alegre por la compañía y esperando verlos algún día.

Estos casos son extraordinarios. Con sólo acercarnos un poco a su filosofía, ya nos beneficiaremos de esta madurez existencial. Sin miedo a la muerte y a la enfermedad se vive mucho mejor, porque no temer la muerte es no temer la vida.

RAFAEL: *¿Qué te sucedía, Mamen?*

MAMEN: He tenido muchos problemas con el COVID. Te explico: cuando empezó la pandemia, estaba igual que todo el mundo. No sabíamos cómo se contagiaba esto y tomábamos muchas medidas de higiene y seguridad. Pero ¿sabes? Año y medio después hacía lo mismo que al principio. La ciencia ya había avanzado, la gente había pasado página y hacía una vida casi del todo normal, pero yo me había estancado. En realidad, Rafael, tenía un problema muy fuerte.

R.: *Seguías preocupada como al inicio...*

M.: Exacto. Fíjate, incluso ahora, hablando de esto, se me atasca la voz. Hasta me emociono de lo que he evolucionado en el poco tiempo que llevo con Mercedes. Jolín, ha sido muy duro.

R.: *Te entiendo... Explícame más.*

M.: Hasta hace nada, Rafael, ir a la compra era una locura para mí, porque tenía que limpiar la barra del carro, coger los productos con guantes y desinfectarlos después. Dentro de mi casa, evidentemente, lo tenía todo controlado y la limpiaba un montón. No entraba nada de la calle, ni siquiera los zapatos o la ropa.

R.: *¿Y qué hacías para evitarlo?*

M.: Justo al pasar la puerta de casa tenía un perchero. Ahí me descalzaba, me quitaba toda la ropa y me metía directamente en la ducha.

R.: *Y con esa ropa, ¿qué hacías? ¿Te la ponías para salir otro día?*

M.: La lavaba diariamente. Es que, si la ropa había estado en contacto con algo, necesitaba ponerla en la lavadora. Si, por ejemplo, me rozaba con el carro de la compra o con alguien, mi mente pensaba que podía estar infectada. Por la calle es muy difícil no tocar nada...

R.: *O sea, que has lavado un montón durante estos últimos años.*

M.: ¡Mucho! He gastado mucha agua, mucho detergente y mucho desinfectante.

R.: *Pero, hablando en serio, lo peor eran los nervios, ¿no? Porque claro, estabas todo el tiempo en tensión.*

M.: Al principio sí pasé muchos nervios, ya que me costó controlar la situación. Luego se volvió rutinario, un trabajo automático que no me provocaba estrés ni ansiedad, pero era agotador. Otro problema fue no tener vida social, porque no podía quedar con nadie.

R.: *Has hecho terapia con Mercedes Suero, que es una terapeuta de nuestro equipo de Sevilla, una crack. ¿Cómo te sientes ahora de cero a diez?*

M.: Diez. Estoy totalmente dentro de la normalidad.

R.: *¿Cuánto tiempo has tardado en llegar a esa nota?*

M.: Tres meses. Ahora, en Huesca, estamos otra vez en plena ola. Una ola bastante fuerte. Mercedes me preguntó la última vez qué tal estaba. Quería saber si había reculado. Pero no. Estoy comprobando que mi cabeza ya funciona como las de la gente normal de mi alrededor. Es que Mercedes, en su día, me dijo: «Escoge a una persona mentalmente sana de tu entorno y compara con ella lo que haces». Porque, claro, llegué a no saber si me estaba pasando de rosca o quedando corta. No tenía ni idea.

R.: *Es una medida muy buena. Muchas veces, cuando llevamos un tiempo con miedos exagerados, uno ya desconoce qué es*

lo normal. Pues fantástico, Mamen. Debo reconocerte que
has ido muy rápido, lo has hecho muy bien. Cuéntanos, ¿en
qué ha consistido tu terapia?

M.: Para empezar, Mercedes me explicó qué me estaba pasando. Era un TOC de limpieza y tenía compulsiones. Se
trataba de un temor irracional que debía extinguir y no
avivar, como estaba haciendo. El camino era afrontar ese
terror a contagiarme. Por ahí empezamos. Le di un lista-
do de todas las cosas que evitaba y me puse en marcha. Por
ejemplo, antes salía de mi casa con un papelito o un guante para abrir la puerta del portal, para no tocarla. Y Mercedes me indicó: «Fuera ese guante. A partir de ahora
tienes que agarrar el pomo de la puerta y abrir con natu-
ralidad». Así que nada, allí que me fui. El siguiente paso
fue tirar la basura a un contenedor que tengo de camino
al trabajo y tocar el agarradero.

R.: *¿Y exposiciones imaginarias hacías?*

M.: Sí.

R.: *¿En qué consistían?*

M.: Por ejemplo, tenía que convencerme de que el móvil estaba lleno de virus y bacterias. Yo lo llevaba siempre metido en un plástico y lo desinfectaba constantemente.
Pues Mercedes me pidió que tirase ese plástico y que no
lavara el móvil en absoluto. Para mí era muy difícil, porque al acercarlo a la oreja me parecía que me invadían
todos los bichos. Pues debía imaginar que enfermaba a
causa de ello. Y luego, además, mirar el teléfono, tocarlo... Bueno, no me pidió que lo chupara porque no se le
ocurrió.

R.: *Ja, ja, ja. Fantástico. ¿Fue duro ese esfuerzo de exposición?*

M.: Lo pasé muy mal, porque tenía medidas de protección en todo. Así que tuve que hacer una exposición constante: tirar los guantes y el papel, no lavarme tanto las manos, entrar en casa con los zapatos y con la ropa... ¡Es que era todo! Me había pegado año y medio como en una burbuja y, de repente, debía salir de ella. Eso sí, no estuve tan mal como esperaba. Ya había leído tu libro y sabía en qué iba a consistir la terapia. Entonces, claro, a lo mejor me preparé la cabeza. ¡Yo pensaba que lo pasaría fatal de la muerte!

R.: *Seguro que un poco duro sí fue.*

M.: ¡Hombre, claro! Muy duro. Cambié mi vida por completo otra vez.

R.: *Pero tú estabas totalmente dispuesta a hacer lo que fuera, ¿verdad?*

M.: ¡Sí! A mí me decía Mercedes: «Hay que ir por allí». Y yo, por allí. Fui consciente de las trampas que me ponía la mente para que evitara. Pero como no había otra opción que curarse, cuando caía se lo confesaba de inmediato a Mercedes: «No he podido ignorarlo y he tenido compulsiones». Al día siguiente volvía a la carga. Recuerdo que una vez me comentó: «Quiero que cuando tires la basura y toques el contenedor, cojas el móvil y lo manosees». Yo le repliqué: «¡Ni hablar, eso no lo hago ni de coña!». Pues ella, de todas formas, en la siguiente sesión me preguntó si lo había hecho y yo le respondí que no. A la siguiente semana: «¿Ya lo has hecho?». Y a la siguiente otra vez: «¿Ya?». Entonces, con el tiempo y el trabajo, por fin pude decirle: «Sí, Mercedes, ya está». Así, con toda la entrega y honestidad, fuimos avanzando.

R.: *¿Qué te ha dado tanta determinación para trabajar en curarte?*

M.: ¡Las ganas de vivir! Es que no vivía, Rafael. La neura se me estaba enquistando y llegué a pensar que no iba a salir de ésta. Y justo apareciste tú con el libro. Lo leí y dije: «Ésta es mi terapia, a por ello». Y os llamé.

R.: *Para acabar, Mamen, ¿qué le dirías a alguien que está inmerso en este problema y todavía no lo ha superado?*

M.: Que se levante todos los días y, por favor, afronte. Mejor si se apoya en un psicólogo de los vuestros, porque hay momentos en los que no sabes si lo estás haciendo bien y ahí te puedes rayar un poco. A mí Mercedes me resolvía muchas dudas. ¡Y que sí, que se sale! Si yo he superado el TOC, puede cualquiera.

R.: *¡Eso es! Porque tú no eres Superwoman ni vienes de otro planeta, eres una persona normal que sólo ha trabajado con mucho coraje.*

M.: Sí, sí, sí. La vida hay que afrontarla. Cuando tienes algún problema, no puedes dejarlo ahí, que vaya cociéndose, porque nunca se sabe por dónde puede salir. Debes afrontarlo. Mira, esta mañana le he dicho a una amiga que la vida es como una carrera de fondo en la que hay obstáculos que saltar. Y ya está. Cuando llegas a una valla, un muro... intenta superarlo de la mejor manera posible. Si no puedes tú sola, pues buscas ayuda. Es así.

R.: *Corrígeme si me equivoco: conquistar tu propia mente te señala también el camino para adueñarte del resto de tu vida, ¿verdad?*

M.: Es una pasada. Es que perderle el miedo al miedo es impresionante. Es descubrir que esas sensaciones que tienes, la angustia o la tristeza, si las encaras tranquilamente, se van. Como me decía Mercedes: «Si tienes ansiedad, te la llevas contigo a pasar el día». Es una liberación maravillosa.

R.: *Tu mente cambia. Se transforma.*

M.: Yo ahora pienso: «Madre mía, pero ¿cómo podía estar tan neurótica?». Lo mío era muy gordo. Me acuerdo de que un día, tras salir de la peluquería, me tuve que ir a casa corriendo a lavarme el pelo. Es que la peluquera me lo había tocado... y lavado.

R.: *Pero Mercedes se encargó de esa neura.*

M.: «Ahora, cuando vayas al trabajo, le pides a alguien que te toque mucho la cabeza», me propuso. Y te juro que lo hice. Mis compañeras son unos soles. Me manoseaban y encima me decían: «Ay, Mamen, ¡qué pelo más bonito tienes!».

R.: *Ja, ja, ja. ¿Y no les parecía raro lo que les pedías?*

M.: No, porque lo sabían todo. En ningún momento he escondido mi problema ni que iba a terapia, nada. Así que pudieron ayudarme.

R.: *Qué bonito es que los amigos sean comprensivos y nos echen un cable, ¿verdad?*

M.: Una pasada. Porque, además, fueron increíbles. Tanto la familia como los amigos en ningún momento me han considerado una loca ni una tía rara. Ni siquiera me presionaban para que hiciese terapia. Todo el mundo aceptaba mis rarezas. Pero, cuando contacté con vosotros, se alegraron mucho. Y cuando les explicaba los deberes, les hacía mucha gracia. O sea, que también se lo han pasado bien conmigo.

R.: *¡Qué simpáticos!*

M.: Sí. Me han ayudado en todo. Cuando les dije que ya podía dar abracitos, todos venían a abrazarme un poquito cada día.

R.: *Mamen, tu experiencia ha sido muy interesante. Lo has hecho superbién. Tu testimonio ayudará a mucha gente.*

M.: Por eso lo he querido compartir. Para ayudar a otros. Muchas gracias, Rafael.

COMENTARIO FINAL

La pandemia supuso un golpe en la salud emocional de gran parte de la población. Las consultas de psicoterapia de todo el mundo se vieron desbordadas. Calculo que nuestro trabajo aumentó un ciento cincuenta por ciento. Los profesionales de la mente nunca habíamos visto algo así. Ni imaginábamos que se podía producir.

Y es que un susto de esas proporciones hay que saber gestionarlo. Un cambio tan radical en nuestros hábitos y la constante amenaza a la salud pública no son fáciles de llevar.

Recuerdo que, durante la pandemia, me preguntaban en los medios de comunicación qué podíamos hacer para no preocuparnos excesivamente, para no enfermar por el propio temor al COVID. Mi respuesta era algo así: «Buscar seguridad es bueno, pero demasiada seguridad es malo».

El ser humano enferma y muere. Es nuestro destino natural. Aunque nos cueste comprenderlo y aceptarlo. Nosotros no hemos diseñado el universo, ese fenómeno insondable y maravilloso. Es algo gigantesco, incomprensible, inconmensurable y mágico. Lo sabio es respetarlo e incluso apreciar su belleza.

Es muy conveniente cuidarse, disfrutar labrándose la mejor salud física y mental, pero siempre dejando espacio a lo que, tarde o temprano, sucederá: enfermaremos y moriremos. Y estará bien.

En ese sentido, visualizar nuestra muerte es muy saludable, un ejercicio que los religiosos de todos los tiempos han llamado *memento mori*. Vivenciar la propia muerte con tranquilidad es sano, porque aleja la neura de querer vivir para siempre, de protegerse en demasía.

A mí no me dan miedo la muerte ni la enfermedad. En realidad, las espero con curiosidad. En los últimos veinte años he practicado un ecologismo intenso que empezó en mi juventud, con mi pasión por la montaña. Ese mismo ecologismo me conduce a reverenciar la vida y todos los fenómenos naturales, a amarlos, apreciarlos y hasta querer degustarlos.

Lo que me recuerda una frase de Francisco de Asís: «El Señor, por su gracia y misericordia, me ha unido tan estrechamente a Él que me siento tan feliz para vivir como para morir».

19

Loli, volver a la esencia de uno mismo

«Comencé una nueva vida
y no pienso detenerme aquí»

El truco consiste en quedarnos en la silla ca-
liente y comprometernos con esa experiencia.

PEMA CHÖDRÖN

Loli es una sevillana que conocí en una conferencia que di
en su ciudad. Al acabar, mientras le firmaba un libro, me contó su maravillosa experiencia y, de inmediato, la invité a dar su
testimonio. Muy generosamente, me explicó su transformación: la superación de una depresión después de muchos
años encerrada en esa trampa mental.

Loli inició su proceso de cambio sin confiar en nuestro método, pero decidió darle una oportunidad. Había probado muchas terapias antes. Los fármacos apenas le hacían efecto y estaba bastante desesperada. Así que ella sola, con gran esfuerzo y
perseverancia, trabajó y salió de sus antiguos patrones mentales.

Existen diferentes tipos de depresión. La más común es
la producida por una adversidad demasiado fuerte. Por ejemplo, la depresión por abandono, la causa de suicidio número
uno. En este caso, nos convencemos de que no vamos a poder

ser felices sin la persona a la que amamos. Para superar el malestar, debemos trabajar de forma cognitiva, cambiar la mentalidad en profundidad para llegar a una convicción parecida a ésta: «No me gusta haber perdido a tal persona, pero no es el fin del mundo. Tarde o temprano, seré feliz». Por supuesto que las adversidades siempre nos sentarán mal, pero no tienen que hundirnos. Hay que quedarse con lo que sí marcha bien en nuestra vida.

El segundo tipo de depresión lo causa el miedo a la sensación interna pura. Funciona igual que los ataques de pánico: la persona siente pavor ante la tristeza y huye de ella, pero esa evasión produce más depresión. La solución pasa por exponerse a la propia emoción. En cuanto dejamos de temerla, desaparece.

Todavía existe un tercer tipo, la depresión producida por un desequilibrio orgánico, básicamente de neurotransmisión. Algunas deficiencias hormonales y otras problemáticas neuronales son las responsables del problema. Es el malestar menos común, se calcula que representa menos del cinco por ciento de los casos.

Loli empleó las dos estrategias antidepresión a la vez, tanto la cognitiva (cambiar la mentalidad) como la conductual (aceptar la sensación).

Los antidepresivos pueden ayudar en los tres casos, porque estos fármacos actúan incrementando la disponibilidad de partículas neurotransmisoras en el cerebro. Son como un chute de serotonina. Pero, obviamente, no son la cura, ya que no atacan la raíz del problema. Ni siquiera solucionan la depresión por causa orgánica. Sólo añaden neurotransmisores al sistema. Un símil: es como si añadimos agua a unas cañerías donde hay fugas. Aumentará el caudal y el usuario recibirá más agua en su casa, pero el escape seguirá intacto. Eso no significa que los antidepresivos no tengan utilidad. La tienen, pero no son la verdadera cura, no resuelven el origen del problema. Por lo tanto, no es de extrañar que no ofrezcan, en muchos casos, una solución a largo plazo. El médico, el psicoterapeuta y el propio paciente deberán decidir si hacer uso de ellos u optar por un aprendizaje de corte psicológico. O combinar ambos.

RAFAEL: *¿Qué te pasaba, Loli?*

LOLI: Empecé a estar mal tras el parto de mi hija, que fue muy complicado. Estuve físicamente pachucha y, a raíz de ahí, cogí una depresión.

R.: *La famosa depresión posparto.*

L.: Sí. Es que fueron días bastante duros. Piensa que no pude ver a mi hija hasta un mes después de nacida, porque estaba ingresada. Puede sonar raro, pero me sentía mala madre. Llevé la depresión con antidepresivos y varios psicólogos. A medida que mi hija crecía, mi mente apagó un poco el malestar. Mi autoestima andaba baja, pero salí adelante. De vez en cuando me daba el bajón, pero lo superaba. Aunque no al cien por cien. Hace dos años me separé y, entre eso y la pandemia, la depresión se agravó muchísimo. Me veía muy perdida, Rafael.

R.: *¿Qué se te pasaba por la cabeza?*

L.: Si te soy sincera, mi mente sólo pensaba en morir.

R.: *Estabas tan deprimida que te decías: «Así no puedo continuar. Con este malestar, la vida no tiene sentido. No disfruto de nada». Era una depresión en toda regla.*

L.: Sí. No encontraba salida. Tomaba medicación y hacía terapia, pero apenas tenía ánimo. Lo único que quería era dormir. Solamente así se calmaba el problema. Pero, claro, cuando despertaba, seguía ahí, enquistado.

R.: *Entiendo. ¿Y cuál fue la salida? ¿Cómo la encontraste?*

L.: Pues mira, yo a la depresión siempre la he asociado a un círculo vicioso. Te metes en ese círculo y no hallas la forma de escapar por mucho que te aconsejen. Pero hay un momento, no sé si es la propia cabeza o que te cala algo que te dicen, en que ese círculo se abre un poquito. Ahí te agarras. Aunque te confieso una cosa: yo, al principio, no creía en tu libro, ¿eh?

R.: *Muy bien, mejor. Así me gusta. Sano escepticismo.*

L.: Pensaba: «Después de tantos psicólogos como he tenido y de tantas pastillas como he tomado, ¿cómo un libro me va a cambiar? ¡Es imposible!». Era muy reacia a confiar en esto, Rafael, de verdad.

R.: *Habías probado un montón de cosas, entre terapias, fármacos y demás. Te entiendo, lo normal es considerarla otra presunta solución que no funcionará.*

L.: Sí. Pero, a partir de trabajar con el libro, me subió la autoestima. Se abrió en el círculo una pequeña rendija que me hizo encontrarme mejor.

R.: *Una pregunta: hablas de* Sin miedo, *¿verdad?*

L.: Sí. Fue el primero que leí.

R.: *Y a raíz de ello aplicaste los cuatro pasos.*

L.: Para mí fue un antes y un después.

R.: *¿Qué hiciste? Cuéntanos.*

L.: Al principio, me costaba mucho poner en práctica el método, porque me decía: «¿Cómo voy a afrontar mis miedos? ¿Cómo hacer estas cosas estando así?». Le había cogido miedo a todo. Pero tuve el acierto de decirme: «Mira, o cierras el círculo o lo mantienes abierto. No pierdes nada por intentarlo. Ya has tomado tantas pastillas e ido a tantos sitios que, como mínimo, merece la pena intentarlo. ¿Que no sirve? Pues nada, mi vida será así para siempre y ya está. Pero al menos lo intento». Y así decidí enfrentarme a mis miedos. Me propuse hacer todo lo contrario a lo que me apetecía.

R.: *Maravilloso. Ponme algún ejemplo.*

L.: Pues a mí no me gustaba nada estar en casa, me daba miedo la soledad. Antes, después de trabajar, me quedaba en la calle dando vueltas con algún amigo. Ponía excusas. Todo para no estar en aquellas cuatro paredes. Pues, para curarme, decidí regresar de inmediato tras el trabajo y pasar las horas allí sola.

R.: *¿Qué sentías al hacer esa exposición las primeras veces?*

L.: Mucha ansiedad, escalofríos, sudor en las manos, presión en el pecho, agobio. Pero pensaba: «De aquí no me muevo, haz conmigo lo que quieras, pero de aquí no me muevo».

R.: *¡Guau! Y eso lo replicaste con muchas otras cosas, ¿no?*

L.: ¡Con cantidad de cosas! Por ejemplo, desde que cogí depresión, me resultaba difícil entablar una conversación con mis amigos, porque creía que mi opinión no contaba. Entonces, ¿qué hice? Ponerme a hablar y punto. Cuando ellos charlaban, les interrumpía con cualquier tema. Al principio les chocaba un poco, porque me había vuelto muy tímida y no abría la boca casi nunca. Pero siempre que podía empecé a meter baza sobre cualquier cosa, daba igual qué. La idea era quitarme el miedo.

R.: *Me encanta. ¿Y qué sentías participando así, a saco, en las conversaciones?*

L.: Todo malo, Rafael. He llegado a creer que me caería al suelo. Me mareaba muchísimo.

R.: *Si estabas charlando, ¿qué hacías cuando te daba eso?*

L.: Simplemente, enfrentarme a todo.

R.: *Y aceptabas, ¿no?*

L.: Sí. Me obligaba a seguir: «Si me caigo, ya me cogerán, alguien me ayudará, pero esto lo tengo que superar».

R.: *Me encanta. Una pregunta, ¿a la tristeza también te expusiste?*

L.: ¡Sí, también!

R.: *¿Cómo?*

L.: Medité sobre ello: «¿Por qué estoy triste?».

R.: *«Si no tengo motivo...».*

L.: Tengo una familia genial, un buen trabajo, una gran hija, amigos, una casa. Como me di cuenta de que no tenía razones para sentirme así, confronté mi vida con la de otras personas que sí estaban sufriendo grandes adversidades.

R.: *¡Qué bueno!*

L.: Quizá no tenían trabajo, vivían en el tercer mundo... Me comparaba y me convencía de que todo en mí estaba bien. Así, poco a poco, me fui sacando la tristeza.

R.: *¡Qué bueno! Fíjate, ahí, Loli, hiciste una intervención de tipo cognitivo. Es decir, usaste el razonamiento para cambiar tus emociones. Ésa es la metodología que explico en mis otros libros, como* El arte de no amargarse la vida.

L.: Ahora mismo estoy leyendo ése.

R.: *¿No lo habías leído antes?*

L.: No, no.

R.: *Perfecto. ¿Sabes que también hablo de esos conceptos en el resto de los títulos?*

L.: Qué va. Los estoy empezando a leer ahora, pero voy poco a poco.

R.: *Aparte de eso, ¿te plantaste a la tristeza? En el sentido de decir: «Mira, tristeza, quédate si quieres. Yo voy a hacer mi vida y es lo que hay».*

L.: Ese punto fue el que más me costó. Pero sí, con trabajo y constancia, conseguí rebelarme contra ella: «Tú no puedes conmigo. Me harás mal un minuto, pero después voy a ser yo la que te domine». Cada vez que me venía, intentaba tener la mente ocupada. Me ponía a leer o a coser, porque la costura te obliga a estar muy concentrada.

R.: *Fantástico. Cuando nos exponemos a lo que nos da miedo, debemos aceptar la ansiedad y todo lo que venga y confiar en que el malestar desaparecerá en cuanto dejemos de temerlo. En este caso, tenemos que exponernos a la tristeza y hacer cosas como si no estuviera.*

L.: Sí, claro, pero al principio me costaba mucho. Es verdad que cada vez tengo menos momentos de tristeza. Antes era día tras día, pero ya he aprendido a decirle: «Si estás aquí, quédate, me da igual».

R.: *¡Qué bueno! ¿Tan difícil era al principio?*

L.: De primeras no dominas nada tu mente, Rafael, más bien es tu mente la que te domina a ti. Yo me repetía: «No, no. Tengo que ser más fuerte que ella».

R.: *Cuando te venía la tristeza, te ponías con otra cosa. Corrígeme si me equivoco, te decías: «Me voy a acostumbrar a ti, ya no te tengo miedo, no voy a huir nunca más».*

L.: Claro. En el momento en que aceptas que la tristeza está ahí y la ignoras, le estás diciendo: «Quédate, a ver cuándo te aburres». Al ponerte a hacer alguna actividad y no estar pendiente de ella, se va. ¡Es increíble, pero es así!

R.: *¿Qué nota te pondrías de cero a diez?*

L.: Yo todavía un siete.

R.: *Fenomenal. ¿Qué te queda para el diez?*

L.: Pues seguir afrontando todas esas cosas. Ahora, mi día a día es trabajar, quedar con mis amigos y ver a mi familia. No me da miedo lo que venga. Sí que es verdad que todavía hay veces que la siento. A lo mejor una vez a la semana, a veces dos. Pero, según viene, cambio el chip. Yo a mi tristeza la llamo «La Otra». Siempre digo: «Ya está aquí La Otra, dando por saco».

R.: *Irás mejorando. Entonces, el resto del tiempo, ¿cómo te encuentras?*

L.: ¡Muy bien! Es que yo siempre he sido superdivertida.

R.: *Me encanta que lo digas. A veces, algunos profesionales piensan que las personas deprimidas son así de nacimiento... y para nada. La depresión suele ser una trampa mental. Yo he visto, una y otra vez, que quien tiene esta neura es alegre y entusiasta. Una vez la superan, sale a la superficie su verdadera personalidad, que es positiva y fuerte. Lo mismo en el caso de los ataques de ansiedad. Me encanta que estés recuperando tu manera de ser, alegre y disfrutona.*

L.: Vuelvo a ser yo.

R.: *Con respecto a los fármacos, ¿sigues tomando alguno de ellos?*

L.: En el momento en que empecé a encontrarme mejor, los dejé. Y superbién.

R.: *¿Te hacían efecto?*

L.: No, sólo dormir mucho, que era lo que yo quería, pero nada más.

R.: *Déjame que haga una aportación aquí, porque, si no, me echan mucha bronca. Yo siempre recomiendo ir al médico para tomar las decisiones con él y que nos paute la retirada. Es mucho más seguro hacerlo así. Me encanta tu experiencia, pero habrá gente que, si deja los fármacos de golpe, note un efecto rebote, porque el cerebro demanda su dosis. Dicho esto, Loli, continuemos con otra pregunta: ¿tu intención es seguir trabajando las emociones hasta el final?*

L.: Sí, sin parar. Tengo tu libro justo al lado del sofá. He subrayado algunas cosas y voy a aplicarlas a tope. Porque creo que esto, hasta que no estás al cien por cien, hay que seguir trabajándolo.

R.: *Por lo menos hasta el nueve y medio sobre diez, sí. A la gente que hace terapia con nosotros no la dejamos sola hasta que alcanza esta nota. Entonces, a partir de ahí, decimos: «Ahora ya no hay peligro de ir marcha atrás. Sigue tú solo, porque ya dominas el método». Una última pregunta: ahora que has empezado a leer mis otros libros, ¿qué opinas sobre la psicología cognitiva?*

L.: Cuando me puse con *El arte de no amargarse la vida*, pensaba que trataría sobre lo mismo, pero me he dado cuenta de que no. ¡Me hace crecer más!

R.: *Es un buen complemento, ¿verdad?*

L.: Sí. Te hace mirar la vida desde otro punto de vista. Te quita un poco la venda que la sociedad nos pone. Es también maravilloso.

R.: *Loli, has hecho, estás haciendo y harás un trabajo espectacular.*

L.: Ya empecé a vivir. Comencé una nueva vida y no pienso detenerme aquí.

COMENTARIO FINAL

Cuando viajo dando conferencias por España y Latinoamérica, después de cada encuentro varias personas suelen contarme experiencias de transformación como la de Loli.

En una ocasión, se me acercó una chica con una enorme sonrisa en la cara y me dijo: «Rafael, no te lo creerás, pero yo era una persona muy celosa. ¡Mucho! Insoportablemente celosa. Y ahora no lo soy nada». Se giró hacia el chico que la acompañaba, su pareja, que hizo un gesto de confirmación. «Ahora soy la mejor novia. Hasta le digo: "¡Si quisieras echarte una cana al aire, no pasaría nada!"».

Había pasado de un extremo al otro. Ésa es la potencia de la psicología cognitiva, del cambio de filosofía personal.

En esta conversación, Loli nos habla del magnífico trabajo que realizó con ambas terapias. En la parte cognitiva, nos explica que utilizó la técnica de la comparación. Se trata de contrastar la vida propia con la de otra persona en peor situación que, pese a todo, es feliz. Eso nos informa claramente de que ¡no podemos quejarnos!

Yo suelo emplear el ejemplo de Stephen Hawking, el científico en silla de ruedas. No podía moverse, ni siquiera hablar. Sin embargo, se convirtió en uno de los mejores científicos de todos los tiempos y, sobre todo, en una persona muy feliz. Si comparamos nuestra situación con la de Hawking, ¿cuál será el veredicto? Obviamente, que no hay razón para lamentarnos.

Loli se quejaba de su situación, aunque fuese de manera inconsciente. Y, por eso, esta reflexión le hizo tanto efecto.

En mis libros de psicología cognitiva, como *El arte de no amargarse la vida,* explico el abecé de esa nueva mentalidad. Todos podemos adquirirla, aunque requerirá, como siempre, un esfuerzo diario. Con sólo leer, no cambiaremos. Ni siquiera haciendo psicoterapia. Se consigue con la práctica diaria e intensa.

20

Carla, un año para aprender a tener una relación perfecta con la comida

«Me siento afortunada de haber vivido lo que he vivido»

> Una señal de salud es no quedarnos deshechos por el miedo y el temblor, sino tomarlos como un mensaje de que ya es hora de cesar la lucha y de mirar directamente a lo que nos está amenazando.
>
> PEMA CHÖDRÖN

Carla es futbolista profesional y, como muchas personas de la élite deportiva, la alimentación se convirtió en una obsesión que derivó en bulimia. Si darse cuenta, había caído en la adicción a los atracones de comida y era más fuerte que ella. Las comilonas la llevaron a aumentar mucho de peso, hasta el punto de tener que dejar temporalmente la competición.

La bulimia y la anorexia provocan, además, un gran caos en la cabeza: las emociones negativas crecen sin control y las relaciones sociales se ven muy deterioradas.

En *Sin miedo* trato sobre todo los ataques de ansiedad y el TOC, pero el método es aplicable también a muchos otros problemas, como las adicciones o los trastornos de la conducta alimentaria (o TCA). Las personas con TCA tienen que aprender a gestionar sus emociones desbocadas, entre ellas, el miedo, que es la fundamental. En el caso de la anorexia, el temor a los alimentos que engordan. En el de los atracones, el pánico al síndrome de abstinencia.

Durante el año que duró la terapia, Carla aprendió a «afrontar» y «aceptar» cada vez que tenía ganas de comer desaforadamente. Al inicio, era una batalla diaria. Recuerdo que las primeras veces sentía un malestar enorme: ansiedad intensa, pensamiento acelerado, vacío, confusión... Sabía a la perfección que, si se daba el atracón, todo el malestar se calmaría de golpe, pero también que ésa no era la solución.

Con el paso de las semanas y los meses, cada vez le resultaba más fácil contenerse. El síndrome de abstinencia iba cediendo.

También trabajamos otras creencias relativas a la alimentación a partir de la psicología cognitiva, como, por ejemplo, la conveniencia de no hacer nunca dieta, sino de implementar cambios permanentes en el modo de alimentarse. Las dietas, por definición, son un error. Ponerse a comer de manera especial, hipocalórica, durante un tiempo limitado es pan para hoy y hambre para mañana. ¿Por qué? Porque el cuerpo recupera todo lo adelgazado muy fácilmente. Es posible hacer dieta y perder diez kilos en dos meses y ganar en unas semanas, casi sin darnos cuenta, esos diez kilos y dos más. Si queremos estar delgados y en forma para el resto de nuestra vida, hemos de introducir cambios graduales, permanentes y fáciles de mantener.

Con ello, Carla se deshizo en un año de los diez kilos sobrantes que había acumulado. Tenía prohibido acelerar el proceso. Fue adaptándose poco a poco a una conducta alimentaria saludable y rica, duradera y gratificante.

También aprendió a comer del «cubo de la basura». Es decir, a permitirse comida inadecuada de vez en cuando. En concreto, cinco veces a la semana. Se trata de una medida asumible incluso para una deportista de élite, teniendo en cuenta que hacemos unas treinta y cinco comidas semanales. Un alimento del «cubo de la basura» puede ser un pastelito, una copa de vino, un filete rebozado... Podemos pasar por alto cinco transgresiones de nuestra forma de comer saludable, cada uno elige cuáles. ¿Por qué es tan interesante saltarnos la dieta saludable de vez en cuando? Porque impedimos que se forme en nuestra mente el efecto de la fruta prohibida, es decir, la atracción irracional por algo que no nos permitimos por nada en el mundo. Si tienes la posibilidad de comerlo, pierde esa fascinación y, paradójicamente, es más fácil mantenerlo a raya.

Pero, como comentábamos antes, lo más importante del tratamiento de la anorexia y la bulimia es la parte conductual: aprender a dominar las emociones negativas mediante los cuatro pasos. Perderle el miedo al síndrome de abstinencia o a la comida que engorda. Y ya hemos visto que, para dejar de temer una emoción, hemos de hacernos amigos de ella. Pasar mucho tiempo a su lado. Conocerla muy bien.

RAFAEL: *Tú tuviste un problema con la alimentación, ¿verdad?*
CARLA: Sí. Todo surgió hace tres o cuatro años. Empecé a tener épocas de más estrés y al final mi cuerpo, mi cerebro, se fue hacia la comida. Era como mi vía de escape. A raíz de ahí, surgió el problema.

R.: *Los deportistas, muy especialmente las chicas, tienen un riesgo enorme de comerse el coco con la alimentación, porque necesitan estar en forma y controlan mucho la comida. Es fácil obsesionarse y se acaba cayendo en anorexia o bulimia. O en las dos cosas. Tú lo sabes muy bien, porque controlabas mucho la alimentación como parte de tu profesión, ¿verdad?*

C.: Eso es. El desencadenante fue que veía que no estaba teniendo los resultados esperados en mi deporte. Pensaba que a lo mejor cierta culpa estaba en la alimentación y en mi condición física y me obsesioné con el tema. Hacía dieta, dejaba de comer y demás, pero, claro, luego me iba al otro extremo, a los atracones. Me liaba a comer esos alimentos que en mi cabeza eran malos o los tenía prohibidos.

R.: *Muchas veces una cosa lleva a la otra. La restricción exagerada lleva al descontrol. Cuéntanos cómo eran esos atracones.*

C.: Había días que, después del entreno, me iba a casa y me zampaba dos pizzas y varias bolsas de patatas. Tras eso, me entraba antojo de dulce y le daba al dulce. Después volvía al salado. Es increíble lo que podía llegar a comer. A veces me costaba hasta respirar de lo llena que estaba y tenía que ponerme en posiciones concretas para abrir los pulmones.

R.: *Tú veías que aquello no podía ser saludable. Además, ganaste un montón de peso, por mucho deporte que hicieras.*

C.: Sí, sí. Casi diez kilos. Y lo peor de esta situación es que me aislaba del resto.

R.: *Llega un momento en que el atracón se convierte en una fuerte adicción y ocupa gran parte de los pensamientos. Eso*

te obliga a estar sola, planificando y haciendo la comilona.
Además, te sientes fatal, porque te encuentras físicamente
mal y con culpabilidad. Para más inri, tuviste que dejar de
competir, porque ya no estabas en forma.

C.: Sí, sí, tal cual. Todo el tiempo estaba pendiente de ello.
Iba a entrenar y pensaba más en lo que comería después
que en el propio ejercicio. Llegó un momento en que no
estaba al nivel de la competición. Pero no sólo tenía un
problema a nivel profesional, sino que mi vida empezaba
a ser un caos. Había perdido los mandos, por así decirlo.

R.: *Y ya sabes que así se termina siendo obeso.*

C.: Sí, yo lo veía. La primera charla que tuve contigo nunca se
me olvidará. Me hiciste entender que no había otra opción que recuperarme. O lo solucionaba o me metía en un
pozo muy oscuro.

R.: *Fue muy guay que hicieras terapia conmigo. Has aprendido*
a tener una relación fantástica con la comida, supersaluda-
ble, al estilo «deportista de élite».

C.: Rafael, es que hoy estoy impresionada de cómo manejo la
cuestión. Antes me costaba un montón controlarme y
ahora es fácil. Hasta divertido.

R.: *En este momento, Carla, ¿disfrutas de la comida?*

C.: ¡Sí! Antes, como comía tanto y siempre por impulsos, no
disfrutaba. Había demasiada ansia detrás. Actualmente,
me siento a la mesa y como lo que quiero, me rodeo de
amigos... ¡Disfruto mucho! No estoy todo el rato pensando: «Esto es bueno, esto es malo», «¡Dios, si pudiera co-
merme eso...!». Aunque, ya te digo, al ser deportista, tien-
do a comer saludable y a cuidarme.

R.: *Qué liberación poder decir: «Estoy tranquila, gozando de la vida, porque he aprendido una cosa superchula, a gestionar mis emociones».*

C.: Antes, el solo hecho de pensar en la comida me consumía toda la energía.

R.: *¿Cuánto tiempo hemos estado haciendo terapia tú y yo?*

C.: En torno a un año. Creo que once meses.

R.: *Pero al final nos veíamos sólo una vez al mes.*

C.: De uvas a peras, ja, ja, ja.

R.: *Ha sido muy rápido. Aprendiste lo esencial en pocos meses y luego ya ha sido perfeccionar el aprendizaje.*

C.: Sí. Yo creo que lo más potente fue en los primeros seis meses.

R.: *Si quieres, vamos a revisar algunos asuntos que hemos trabajado. Por ejemplo, hablábamos cada dos por tres de no comer NUNCA emocionalmente. ¿Qué significa eso? ¿Cómo lo explicarías tú?*

C.: Yo creo que eso ha sido la clave. Antes, si estaba mal, comía; si estaba eufórica, también comía. Ahora no. Prefiero, si estoy mal, ocuparme del problema y ya. Lo que no hago NUNCA es comer, porque entonces voy a tener dos problemas. Y si estoy eufórica, tampoco lo hago, disfruto del momento sin nada que lo enturbie.

R.: *Exacto. Tú ahora piensas igual que yo. Yo jamás como según mis emociones. ¡Ni se me pasa por la cabeza! Porque lo veo absurdo. Es algo que ni me pregunto ni dudo. Si tengo un problema —por ejemplo, que Hacienda me va a hacer una inspección de la leche—, pues seguro que me estreso, pero ¡no comeré para aliviarme! No voy a decir: «Como estoy mal, me pego un atracón». Sé que mi problema no mejorará por darme ese absurdo placer temporal. De hecho, empeora-*

rá, porque me encontraré mal. Es más, si quiero comer algo delicioso, lo hago sólo cuando estoy bien, así lo disfruto mejor. De lo contrario, siento que lo arruino. Lo interesante es que tú, Carla, ahora lo entiendes igual que yo, ¿a que sí?

C.: Sí, sí. Los primeros días de terapia estaba tan metida en el problema que no te sabía entender, pero hoy en día ya sí y lo comparto tal cual.

R.: *Fantástico. Por cierto, beber alcohol funciona igual. Es decir, si tengo un problema, NO se me ocurre NUNCA beberme una cerveza o un whisky, porque eso no serviría de nada. El alcohol no va a resolver el contratiempo y encima, como habré estado mareado, tampoco lo habré podido solucionar yo. Y me permito tomar algo sólo cuando estoy feliz, porque lo saborearé plenamente. Beber según las emociones es de perdedores, no funciona, es horroroso, sólo empeora las cosas.*

C.: ¡Clarísimo!

R.: *Durante la terapia vimos que si te pasa algo y te ha afectado emocionalmente, por ejemplo, que muere un ser querido, suspendes un examen, te despiden del trabajo... es mucho mejor aguantarse y punto, en lugar de comer emocionalmente. Te puedes ir a andar, a pasear, te pones música o, simplemente, dejas pasar el temporal, porque así la emoción negativa desaparecerá. ¡Eso es mucho mejor que comer! Hay que tolerar el malestar. De hecho, ése fue tu principal aprendizaje.*

C.: Sí. Cuando estaba mal, acudía a la comida. Ahora no. Si estoy disgustada por algo, pues nada, me quedo en la cama tirada, me voy a andar con música o algún pódcast o me pongo a leer. La cosa es dejar pasar el tiempo hasta que se desvanece la crisis. Luego empiezas a verlo todo de forma diferente.

R.: *Y, corrígeme si me equivoco, cuanto más practicas lo de aguantar las emociones negativas, lo de dejar que suban y bajen, menos veces te viene el malestar y más dominio adquieres sobre ellas. ¿A que sí?*

C.: Es como que las controlas más. No tienes tanto pico de la emoción, es más llana. La sientes, porque sigue ahí, pero de forma más agradable. Es como que tú la dominas a ella, no ella a ti.

R.: *Para terminar, ¿tú crees que este aprendizaje tan guay sobre alimentación y gestión emocional te ha enseñado muchas otras cosas de la vida?*

C.: Sí, claro que sí. Pienso que, en el futuro, afrontaré los problemas de otra manera. La perspectiva que tengo ahora de qué es una adversidad y cómo encararla ha cambiado por completo.

R.: *¡Qué bien! Casi podríamos decir que es una suerte haber tenido y superado este trastorno, porque has crecido.*

C.: Parece mentira, pero me siento afortunada de haber vivido lo que he vivido, sobre todo tan joven. Ahora tengo muchísimas más herramientas para afrontar las cosas.

R.: *Me encanta. Te tengo que agradecer mucho tu testimonio, porque eres un personaje público, una deportista profesional. Tus palabras les servirán a muchas chicas jóvenes que no saben cómo lidiar con este problema.*

C.: Gracias a ti por haberme acompañado en el camino.

R.: *Te auguramos un gran éxito deportivo y te seguiremos en la liga femenina de fútbol profesional.*

C.: Muchísimas gracias.

COMENTARIO FINAL

¡Guau! Es maravilloso ver cómo personas tan jóvenes trabajan para dar la mejor versión de sí mismas. Los mayores, a veces, tendemos a ponernos gruñones con los chavales —que si
no se quieren esforzar, que si están mimados...—, pero la
realidad es que el mundo está lleno de gente que, a su corta
edad, tiene muchas ganas de transformar el mundo e intuyen
que la mejor manera de hacerlo es transformándose ellos primero.

Carla no sólo aprendió a tener una relación perfecta con
la comida, sino que adquirió un conjunto valiosísimo de habilidades emocionales. De hecho, el planteamiento de su carrera deportiva ha cambiado ahora por completo. Quiere triun-
far desde el disfrute, no desde la obligación. ¡Y sus energías
se han redoblado! Está llena de ilusión, siempre lo ha estado,
pero ahora es una ilusión luminosa, alegre, positiva.

Carla sabe que el miedo no es un buen motor para movi-
lizarse. Es una herramienta que nos advierte de peligros oca-
sionales, pero no algo que tengamos que vivir cada día.

Cuando era joven, mi amigo Óscar empleaba el miedo
como un motivador para el estudio. Siempre hacía lo mismo.
No estudiaba nada hasta que quedaba muy poco para los
exámenes. Entonces, se daba una panzada, apenas dormía,
fumaba como un carretero y, finalmente, lograba aprobarlo
todo. Era una estrategia pésima.

Yo hacía algo muy diferente: estudiaba un poco todos los
días desde el inicio del curso. ¡Y lo disfrutaba, ¿eh?! Me hacía esquemas, leía lecturas complementarias y debatía con
otros compañeros los puntos más interesantes. Cuando se

acercaban los exámenes, estaba supertranquilo, porque llevaba el estudio al día. Incluso tenía la norma de no abrir un solo
libro el día de antes. ¡Lo aprovechaba para irme al cine! Y los
exámenes me salían de fábula.

Óscar empleaba la fuerza del miedo para estudiar. Así,
asustado ante la idea de suspender, empollaba como un pose-
so. Según él, no le iba nada mal, aprobaba todo.

Yo, en cambio, estoy seguro de que Óscar habría sacado
mejores notas si hubiese abandonado esa estúpida forma de
prepararse los exámenes. Y, sobre todo, habría disfrutado
muchísimo más.

El pánico es un motor muy malo. La ilusión pura sí es una
herramienta potente.

Además, el problema del miedo es que se te puede ir de
las manos. Las personas anoréxicas adelgazan gracias a la
fuerza del miedo. ¡Y, al inicio, eso les parece una gran idea!
Por fin pueden perder peso con efectividad. Pero llega
un momento en que el miedo se les revuelve como un ani-
mal salvaje y pasa a dominarlas, a convertir su vida en una
pesadilla.

El miedo hay que mantenerlo a raya. No es un buen guía.

Yo amo y respeto mi miedo, pero sólo el racional. El irracional lo combato en cuanto saca la cabeza. No me interesa
moverme por temor a algo. La ilusión y el amor serán siempre
mi leitmotiv.

Epílogo

El libro que tienes en las manos es un manual de psicología, pero también una celebración. La idea surgió a raíz del enorme éxito de mi canal de YouTube, donde hace un año empecé a publicar testimonios de superación.

El objetivo era mostrar algunos casos de éxito en formato vídeo para que los mismos protagonistas explicasen su experiencia de superación. Pensé que con cinco o diez tendríamos una buena muestra, pero la iniciativa fue ganando fuerza y cada vez me llegaban más propuestas de testimonios. Eran tan espectaculares que no podía dejar de mostrarlos, así que decidí seguir y seguir. Y ya hemos reunido más de ciento veinte.

Lo que más me gusta de estos testimonios es su generosidad. Contar a los cuatro vientos nuestras vulnerabilidades no es fácil. Por ello, les quiero mandar desde aquí un superagradecimiento.

Este libro es, pues, una celebración y un homenaje a todas las personas que se han transformado a sí mismas a lo largo de su vida. Que han sabido evolucionar, cambiar, dirigir su destino.

La mente, el cerebro, esa máquina maravillosa culmen de la evolución, puede transformarse de una forma alucinante.

El psiquiatra Jeffrey Schwartz, que es colega y amigo mío, ha demostrado que, tras la terapia cognitiva conductual, el cerebro cambia físicamente: ¡es otro!

Eso me recuerda lo que me dijo una paciente en una ocasión: «¡Ha sido como si hubiese ido a Ikea y me hubiesen dado un cerebro nuevo!». Así de mágica es la mente.

Pero esto no acaba aquí. Tengo el compromiso de seguir aportando testimonios de transformación en mi canal de YouTube de por vida. Ya visualizo tener quinientos o mil. Será la base de datos de transformación personal más espectacular del mundo. Un ejemplo de ayuda mutua fenomenal.

Y es que, amigos y amigas, estamos juntos en esto. Todos ayudándonos a todos. ¿Qué puede haber más bello en este mundo?

Nos vemos muy pronto.

«Para viajar lejos no hay mejor nave que un libro».

Emily Dickinson

Gracias por tu lectura de este libro.

En **penguinlibros.club** encontrarás las mejores
recomendaciones de lectura.

Únete a nuestra comunidad y viaja con nosotros.

penguinlibros.club

Penguin
Random House
Grupo Editorial

 penguinlibros